Engelbert Obernosterer

Bodenproben

Werke, Band 2

Engelbert Obernosterer

Bodenproben

Verlag KITAB
Klagenfurt–Wien

Gedruckt mit Unterstützung des Bundeskanzleramtes
und der Stadt Wien

© Kitab Verlag Klagenfurt–Wien 2003
http://www.kitab-verlag.com
Umschlaggestaltung: Ursula Obernosterer
Korrektion: Gerhard Maierhofer

ISBN 3-902005-24-6

Bodenproben

Man sieht es den ineinander gestauchten Falten meines Bettzeugs noch an, wie unschlüssig ich darin herumgekrautert bin, nicht recht krank, aber auch nicht gesund, riecht es noch, wie ich mich darin gewälzt und gewunden habe, ohne einen Anhaltspunkt zu finden, ob es dafür stünde, aufzustehen oder weiterhin im Bett zu bleiben. Da fällt mein Blick auf den Wecker: Punkt acht! Mit einem Ruck stehe ich vor dem Bett.

Erstmals nach längerer Zeit nehme ich wieder die Zeitung zur Hand. Merkwürdig, das Lesen erfordert gar keine eigene Anstrengung; es ist nur ein Sich-voll-laufen-Lassen mit Inhalten, die es in sich haben, dass es wie eh und je weitergeht.

Arbeiten!, sage ich mir, der ich schon dabei war, mich ins Leiden zu fügen, die jeweilige Arbeit als Ordnungsmuster benutzen, um, was ins Leiden schießen wollte, zu gleichartigen, allen Umwohnern geheuren Bewegungseinheiten zu bündeln.

Formalitäten, wohin ich schaue: Das Ausblasen des Bartstaubs aus dem Rasierapparat, die Zeremonie der Morgentoilette, das Decken des Frühstückstisches ... Obwohl man sich ihrer erwehren möchte, weil sie alles, was sie in sich aufnehmen, unkenntlich machen, sickere ich dennoch, Augenblick für Augenblick, in sie ein: eine einzig durch sie beschreibbare Nachfüllung.

Vor dem Spiegel stehend, verfolge ich, wie es nachzuckt, nachbebt in einem Brei, in dem Fremdes gegen Fremdes drückt, was gleich viel bedeutet wie Eigenes gegen Eigenes – ein wohl allgemein zu nennendes Drücken und Stoßen, das nur aus persönlicher Sicht heraus *Zustoßung* genannt werden kann, wirkt es doch zugleich als Ab-, Wund- und Stumpfstoßung.
Das mag unter anderem damit zu tun haben, dass das Braun der Sandalen in keinem stimmigen Verhältnis zum Blau der Hose steht. Tränen treibt mir die Disharmonie in die Augen. Dabei ist es nur die Unvereinbarkeit der Farben, was die Seelenteile so schmerzhaft auseinander keilt.
Wie tief die Disharmonie doch hinabreichen muss, dass sie so betrifft! Der Hals zeigt sich verwunden vom Hinabstarren in die Tiefen des Spiegels; der dabei hervorgedrückte Dreher läuft quer durch das Porträt: ein kräftiger Strich durch das kleinmaschige Für und Wider, das sich nicht und nicht zur Ruhe eines Gesichtes niederlassen will.

Wie aus dem Fenster eines Kindergesichtes im Wechsel der Mimik immer ein anderer seiner Vorfahren herausschaut – nicht so oft wie erwartet die Eltern, an ihrer Stelle einzelne durchsetzkräftige Persönlichkeiten des zweiten und dritten Verwandtschaftsgrades, darunter auch solche, an die man nicht gern erinnert wird, so schaut aus der Fläche meines Gesichts, das ich im Spiegel mit Neugierde ausforsche, bei jeder Muskelkontraktion ein anderer heraus, beziehungsweise es gewinnt im Gedränge um den Vordergrund ein anderer die Oberhand. Die meisten kenne ich nicht, einige sind schon unter der Erde, drücken in ihrer Lebensgier aber weiterhin ihre Nasenhöcker und Backenknochen aus der Gesichtsfläche.

Ich betrachte die Figur, die ich nun wohl als die meine werde auf mich nehmen müssen, einmal von der Seite und erschrecke: Der Bauch ist im Begriffe, davonzugehen! Ohne Rücksicht auf die Gesamterscheinung baucht er sich wegwärts, wächst offensichtlich dorthin, wo die anderen von mir verachteten Bäuche vor sich hin wuchern, so da wären: Bläh-, Bier-, Fress-, Wasser- und Altersbauch. So wie ich als Ganzer mich mehr und mehr gehen lasse, lässt auch er sich nun gehen. In Zentimetern angegeben, dürfte es sich zwar nur um eine Kleinigkeit handeln, aber die genügt, um deutlich zu machen, dass er auszubrechen gedenkt aus der Enge des Engelbert.
Ekelbert!, ruft er mir zurück und geht seiner Wege.

Engelbert, also *strahlender Engel*, hatte man mich seinerzeit auf Mutters Vorschlag hin getauft, bevor noch irgendeine persönliche Eigenschaft an mir zu erkennen war. Tatsächlich sahen meine älteren Geschwister, so erzählten sie mir später, allerlei Engelhaftes am kleinen Bruder: die sich einringelnden Löckchen, die gleichen Wülstchen an den Schenkeln, wie man sie bei betenden Engeln zu Füßen der Madonna sehen konnte, die Grübchen in den Wangen; die Schulterblättchen hielten sie für Flügelstummel, die sich mit der Zeit zu kräftigen Schwingen auswachsen würden ...
Soeben schlurfe ich in die Speis um Marillenmarmelade. Da höre ich es wieder: *Engelbert!* Ich bleibe stehen, um zu horchen, inwiefern da immer noch Mutter, die zwei Jahre nach meiner Geburt verstorben ist, aus dem Namen herausruft? Ob sie mir etwas sagen will?
Ich solle Zwiebel und Öl aus der Speis mitnehmen, höre ich und tue es. In einem Arm die zwei Sachen, mit der freien anderen Hand die Türe auf- und zumachend, begebe ich

mich in die Küche zurück. Eine zerdehnte Strickjacke hängt von jenen Körperpartien herab, aus denen Schwingen hätten hervorwachsen sollen.

Ich stehe vor dem Haus. Oben auf der Straße bremst ein Auto, biegt ab und bleibt direkt vor mir stehen. Hinter der spiegelnden Frontscheibe zeichnet sich eine Sonnenbrille ab, eine Hand hebt sich, das Hemd deutet auf etwas Männliches hin.
Das sind ja unzählige Freunde in statu nascendi, überkommt es mich, während die Autotüre nach außen gedrückt und ein Herrenschuh hervorgestreckt wird. Den zweiten brauche ich eigentlich nicht mehr. Behaarte Unterarme schieben sich davor hin, ein beachtlich vorgewölbter Leib zwängt sich aus dem Türspalt; vermischt mit einem herben Rasierwasserduft, weht mir ein unüberschaubares Gemenge an Eindrücken entgegen. Meine schlaff herabhängende Rechte wird von zwei beinah gewalttätigen Männerhänden ergriffen und in der Luft gerüttelt.
Da ich mit all dem nichts anzufangen weiß, nennt der Ankömmling einen Namen, seinen offenbar, ein sonderbares Lautgemisch! Die Überschwänglichkeit der Eltern anlässlich der Geburt eines Sohnes höre ich darin noch nachklingen, damals wohl verständlich. Inzwischen ist die Sache freilich in die Sackgasse eines Neunzigkilomannes mit Handtäschchen und Stirnglatze geraten. Gut, damit muss er selber zurechtkommen. Für mich bedeutet der Name immerhin ein paar Augenblicke Anästhesie dank eines kleinen Lauttheaters.
Starr stehe ich inmitten der auf mich einprasselnden Eindrücke. Ohne Zweifel, das ist etwas, ein ziemlich großes Stück sogar; es verstellt mir mit seiner Undurchdringlichkeit gut die Hälfte des Apfelbaums hinter ihm. Nur, wie fass ich es?

Da habe ich schon zweimal *du* gehört. Ein paar als freundlich geltende Redewendungen sind mir wie Vogelfutter vor die Füße gestreut worden, und schon klebe ich daran fest wie ein Vogel auf der Leimrute.

Ein Mann, zumindest der Gangart nach, kommt mit allen Anzeichen, dass er in eine wichtige Angelegenheit verwickelt sei, aus der Garage oder wie man den ehemaligen Geräteschuppen nennen sollte. In der Rechten trägt er etwas Oranges, aber nicht genau orange und eher viereckig als rund. Ich denke zuerst an ein Buch, was freilich das Unwahrscheinlichste wäre, was hier der Fall sein kann. Indem er näher kommt, entfernt sich die Sache von der Rechteckigkeit. Finger lappen sich hervor, Handschuhe werden es, Arbeitshandschuhe, die in der Bewegung des Gehens mitschlenkern. Als er, zur Holzhütte hinüberbiegend, mir die Seitenansicht zeigt, erkenne ich ihn endlich.
Es ist Frau N.

Heute, am 25. Mai, nehme ich mir vor, mich nicht mehr auf das Verstehbare hin zusammenzunehmen. Bisher hat sich nur diese und jene Notlage die für ihre Wendung erforderlichen Behelfe aus meinen Beständen zusammengesucht und sie im Sinne einer vorübergehenden Stabilisierung verwendet.

Die Trägheitsgesetze besagen, dass jeder Körper zur Ruhe kommen will. Nur die Funktionen, in die er eingespannt ist, halten ihn in Bewegung, mit dem Ziele, einen Ausgleich zwischen allen am Körper ansetzenden Kräften herzustellen. Sie, die aus Pflichten und momentanen Erfordernissen entspringenden Vektoren, sind es, die meinem Körper ihre Unausgeglichenheit zu spüren geben; sie gönnen ihm keine Ruhe, solange der Ausgleich zwischen ihnen nicht erreicht ist.

Ich spüre, wie es in mir anfängt zu wollen. Mal sehen, wohin das führt.

Nach dem Rasieren gehe ich auf den Balkon und blase einen Teil von mir in den Wind.

Pessimismus liegt in der Luft. Unten auf der Straße taucht ein schwarzer Regenschirm auf und kippt die Stimmung ins Meteorologische. Dort mag sie sich ausregnen.

Heute regnet es mehr aus der Wettervorhersage heraus als aus dem schütteren, in Auflösung begriffenen Gewölk.

Ich war, als ich hierher kam, weder ein Guter noch ein Böser. Aber man musste eines von beiden sein, damit man verstanden und von den laufenden Vorgängen mitgenommen wurde. So ergriffen denn die Guten ihrer Natur gemäß die Initiative und bezogen mich in ihre Gemeinschaft ein, jeden Tag tiefer, bis ich von ihnen kaum noch zu unterscheiden war. Morgens gab ich allen, die mir begegneten, durch freundliches Grüßen zu verstehen, dass von mir nichts zu befürchten sei, und je

rückhaltloser ich mich auf meine Nachbarn einließ, desto weniger konnte ich unterscheiden, was ich dachte und was die anderen.
Eines Abends, ein befreundetes Ehepaar war zu Besuch gekommen, hörte ich mir selber zu. Aus meinem Munde kamen Worte, die an Biederkeit und Vernunft kaum noch zu überbieten waren.
Als ich am nächsten Morgen aufwachte, war es halb zehn und der Kopf brummte. *Heuchler!*, schrie es aus allen Winkeln des Kopfes auf meine in sich zusammengesunkenen Vorsätze ein. Oh, wie brüchig sie sich erwiesen hatten, als ich mich mit meiner weder guten noch bösen Natur auf einen von ihnen stützen wollte.

Was ein gutes beziehungsweise schlechtes Fernsehprogramm ist, für wen gut, in welcher Hinsicht und mit welchen Folgen, damit mögen andere sich beschäftigen; ich lasse meinen Körpersack bald nach dem Heimkommen in den Fernsehsessel plumpsen und ihn von der laufenden Sendung wegspülen, zum Beispiel hinaus auf Schloss Schwanenstein.
Montags läuft das der Sauna wegen anders, hie und da kommt ein Besuch dazwischen, die meiste Zeit aber trifft einen das Programm genau dort an, wo es die Programmmacher hingezielt haben: beim Bedürfnis nach Zerstreuung und Unterhaltung.
Da, während ich mich aufrichte um nachzuschenken, wächst ein unförmiger Schatten über die Wand hinauf, ein Monster, aber noch irgendwie verbunden mit der vom Cognac mitbestimmten Langsamkeit. Bemerkenswert, mit welch scharfer Umrisslinie die Schattenfläche sich von der übrigen, halb erleuchteten abhebt. Ich halte in der Bewegung des Einschenkens inne. Wenn es möglich wäre, würde ich die Linie an der Wand festmalen, um sie in aller Ruhe studieren zu

können. Sie müsste allerlei zu sagen haben, über die Folgen der das Land überschwemmenden Programme etwa. Als Aufbewahrungsort für Individuelles dürfte sie sich weniger eignen. Trotzdem ist sie mit ihren Zacken und Windungen derzeit das einzig Bestimmte an mir.

Hatte ich als Heranwachsender noch angenommen, es handle ich bei mir um eine klar umrissene Figur, so verwischen sich nach meiner Familiengründung die gerade erst erkennbar werdenden Umrisslinien. Die eine nach der anderen Eigenheit opfere ich dem, was nach herkömmlicher Auffassung zur Rolle eines Familienoberhauptes gehört. Bis ich eines Tages merke, dass ich in den Gehörigkeiten aufgegangen bin wie Zucker im Kaffee.
Ich spüre, wie die Stimmung im Hause sich verschlechtert, als ein Fieber mich für ein paar Tage flachlegt, spüre es nicht so sehr in meinem Körper als im Durcheinander aus Medizinfläschchen, angerotzten Taschentüchern, Geschirr und Teekannen, im Zimmer verstreuten Socken und dem Umstand, dass ich nicht wie gewohnt morgens den Ofen anheizen kann.
In der Zeit vor meiner Verehelichung habe ich dazu Zündwürfel verwendet, bin aber nachher zu Zeitungspapier und Holzspänen übergegangen, wie meine Gattin es mir als das Sparsamste plausibel gemacht hat.
Nun hat das Fieber sie erwischt, mich aber lässt es laufen, das heißt: Tee kochen, einheizen, einkaufen. Einem alten Reflex gehorchend, nehme ich im Kaufhaus eine Packung Zündwürfel mit. Endlich bin ich wieder in der Lage, selber Feuer zu machen, und tue es: mithilfe eines Zündwürfels. Herrlich, wie die Flammen züngeln!

Kommt einer von draußen herein, den Leib prächtig vorgewölbt, oben sehr freundlich: Er streckt mir die Hand entgegen, als ob er mich aus einem Sumpf ziehen wollte. Während er auf mich einredet, beginne ich die Figur zu erkennen, die er mir als Unterstand anbietet. Ein recht behagliches Hausen könnte es werden, das augenlose Fleisch drängt sich hin zu diesem Habitat, merke ich bereits an den ersten Worten, mit denen ich mich in die des *Freundes* einklinke.

Von den einzelnen Lebensaltern, an denen ich vorübergeglitten bin, habe ich nie viel verstanden: was einem Jugendlichen zukommt, einem Herrn in den besten Jahren, einem reifen Manne und so weiter. Um zu verstehen, was mir in meinem derzeitigen Alter zusteht, schaue ich mich unter den Gleichaltrigen um, damit ich mich mit Gehabe und Kleidung nicht in ein falsches Dezennium verirre. Denn so viel steht fest: Wer meint, ohne die Rechtfertigung durch Zahlen auszukommen, der kommt nicht weit. Kopfschüttelnd wenden sich die in ihre Jahresnischen Geduckten von ihm ab, und er mag zusehen, wo er bleibt.

Dieser Tatsache eingedenk bleibe ich auf meinem Gang durch die Stadt vor einem der Ausstattungshäuser stehen und genieße es, mit was für einer Sicherheit hier Aussagen über adelige Jagdherren, rüstige Wanderer, beschaulich am Ufer hockende Fischer, seriöse Herren aus dem Bank- und Versicherungswesen, vaterländisch Gesinnte, Erholungsuchende und dergleichen gemacht werden. Ich brauchte nur einzutreten und käme in einem mir zustehenden Alter und als markante Erscheinung wieder heraus.

In mir verschwindet das Geld nur so, ohne dass das Verschwinden nach etwas aussieht, verplempert sich zu einer nichtssagenden Schnürlsamthose, zu einer über den Hunger hinaus verschlungenen Portion gebackener Bananen in einem Chinarestaurant, verabschiedet sich so sang- und klanglos, dass ich nicht ungern mit der Brieftasche herausrücke, als mich vor dem Bahnhof einer um einen Euro anschnorrt. Ich bin erleichtert, dass ich eine Stelle gefunden habe, wo mein Geld noch einen Sinn hat, denn der Typ ist ja wirklich arm.

All die Zermürbung, Ohnmacht und Wut, die sich im Laufe des Arbeitstages angestaut hat, findet abends in der rücksichtslosen Verfolgung der Fliegen ein Ventil von voller Rechtlichkeit.

Nachdem die letzte der Fliegen sich irgendwo zur Ruhe gesetzt hat, höre ich an ihrer Stelle den grobrädrigen Wecker mit seinem metallenen Ticken. Schwerfällig wie ein alter Traktor arbeitet er sich vor; jeden Ansatz zu einer persönlichen Regung walzt er in den Boden.

Wie groß der Ekel vor der Wirklichkeit sein mag, lese ich dem Gefühl ab, das eine gewöhnliche Stubenfliege auslöst in mir, der momentan nichts mehr sehen und hören möchte, sondern Ruhe haben. So ein kleines Geräusch – und ein so hässliches Gefühl dabei! Wie willenlos ich doch geworden bin, dass ich dazu noch die Vorschriften von Tisch, Kleidern und Werkzeugen aushalte; der Stuhl gibt mir zu verstehen, wie ich die Gliedmaßen zu winkeln habe, die Vorhangschiene stellt mir gerade noch frei, ob ich den Vorhang weiter nach links oder rechts schiebe.

Verdammt viele meiner Sätze fangen mit *Ich* an. Das dürfte eine Falle sein, aus der ich nie mehr herauskomme. Immer wieder klatsche ich in sie hinein wie vor kurzem der Marder in die Regentonne. Er konnte sich vom Wasser am Boden der Tonne nicht mehr abstoßen und ist darin ertrunken.
Wenn ich wirklich wollte, könnte ich die Ich-Falle ja überlisten, indem ich an den Sätzen ein wenig drehe. Aber ich fürchte mich vor diesem Fall nicht ernstlich, denn wenn ich schon auf die drei Buchstaben hereinfalle, so ist es doch kein Fall ins Bodenlose. Weich lande ich jedes Mal in ihrem Netz als der Ebene, wo ich Gott und die Welt antreffe.

Mein derzeitiger Seelsorger heißt Rindler, Hochwürden Rindler. Er hat einen sehr besorgten Gesichtsausdruck, bemerke ich sogar dann, wenn wir im Auto aneinander vorüberfahren, eine berufsspezifische, wohl auch berechtigte Sorge, wenn nicht gar Trauer, unter anderem um mich, der ich mich gar nicht bemühe zu verhehlen, dass ich eine rindlerlose Seele habe.

Ich bin ein Augenblicksmensch. Trotzdem kenne ich das Gefühl der Ewigkeit, der Unendlichkeit. Es ist ein Sonderfall des Augenblicklichen, seine Randlosigkeit nämlich.
Auch ich sehne mich nach Dauer, nicht weniger vielleicht als jene, die an sie glauben, nur habe ich die Hoffnung auf sie verloren, zumal ich an mir selber beobachten muss, dass Sehnsucht aus Ermüdung stammt und Hoffnung der Unmöglichkeit entspringt, Freiheit auszuhalten.

Alt werdende, halb totgelaufene Üblichkeiten: Sie biegen mich aus stereotyp guten Tagen in andere Stereotypien hinein. Dass es die des Alterns sind, erleichtert die Sache insofern, als sie das Traurige daran dislozieren: aufs Alter hinaus.

Mich ärgert am inzwischen billiger gewordenen Computer nicht so sehr das unnötig ausgegebene Geld, sondern der viel folgenschwerere Umstand, dass ich blöd bin.

Das Ich ist etwas Zeitloses; es wird nie alt. Es kann in meinem Falle nur nicht recht glauben, was alles sich an die drei Buchstaben angeheftet hat.

Ich bin ein Jenseitsforscher. Mich interessieren die Dinge jenseits von schön und unschön, das Trübe in den Augen, nicht das kapitale Blau.

Es fällt mir schwer, beim Spazieren die Arme frei hängen zu lassen, ich tue es auch nur kurz, um etwas von dem zu erfahren, wovor sie sich schleunigst wieder in die Taschen zurückziehen.

Mit einem Glas Zitronenlimonade in der Hand aus dem Haus zu kommen und ein paar Schritte davor stehen zu bleiben wie eines der sagenhaften Pferdegespanne der Vorzeit, dem man einfach die Zügel schießen lässt und den Ort, an dem es stehen bleibt, als vom Himmel angezeigte Stelle betrachtet, etwa um dort ein Kloster zu errichten, so ein Stehenbleiben sieht nicht gut aus, spüre ich als Teil des hiesigen Denkens. Trotzdem bin ich irgendwo stehen geblieben, ein Stück vor der Grenze meines Grundstücks, nicht in der gedachten Verlängerung der Seitenmauer und auch nicht genau gegenüber der Sitzgruppe in Nachbars gepflegtem Garten, wo sich Frau Springer aus Berlin daranmacht, den Kaffee aufzutischen. Den trinken sie immer pünktlich um 15 Uhr.

Zieh einmal von Hügelketten und Wolkenballungen das Autobiographische ab, und es bleiben bloße Haufen an Störungen.

Mit Besorgnis verfolge ich das Brüchigwerden der Traditionen in meinen Altbeständen.

Immer öfter zerreißen meine Oberflächenmuster, bestehend aus Eigenheiten von Beruf, Alter, Geschlecht und Herkunft, und ich sehe zwischen ihnen hinab auf Zeichnungen, die mehr von mir enthalten als die Personalien, zum Beispiel einen zu blutigem Brei zerfahrenen Igel.

Anstatt mich persönlich zu verausgaben, ziehe ich es vor, die Naturgewalten wirken zu lassen und ihnen abzugewinnen, was sie zu bieten haben: der Kälte die Abhärtung, der Katastrophe den Neubeginn, der Untreue einen tieferen Einblick in die Natur der Dinge.
Es treibt ja alles von sich aus und führt zu etwas, irgendeinmal natürlich auch zum Tod, wo ich mich dann wieder mit denen treffe, die sich persönlich verausgabt haben.

Wie es sich gehört, begleite ich die Gäste zum Auto. Während sie einsteigen, regt sich etwas in mir. Es ist die altehrwürdige Form des Abschieds, die nun meine Arme entflicht und mit ihnen zu winken beginnt.

Ein zweifelsfreies Selbst wird wohl nur derjenige in sich vorfinden, an dem immer dasselbe geschieht.

Allen möglichen und wohl auch berechtigten Zweifeln an meiner Person schleudere ich heute das über jeden Zweifel erhabene Sakko meines Schwiegersohnes, eines leitenden Bankbeamten, entgegen.

Ganz leise klirrt es zwar, als ich die Taschen des Sakkos abtappe, aber es reicht nicht ganz für den Autoschlüssel.

Der Weltmarkt erdröhnt vor Anstrengungen. Auch mir hat er, weiß Gott durch welche Ritze herein, eine blödsinnige Strickjacke ins Zimmer gepresst.

Hanteln brauche ich nicht. Mir ist das Leben schwer genug.

Nicht aus Hunger, sondern damit die arme Kreatur nicht ganz ins Leere gelebt hat, nage ich das unappetitliche Zeug von den Hühnerknochen.

Mit blutiger Plastikschürze kommt der Metzger aus der Fleischbank und schaut mich so direkt an, dass ich für einen Moment zum Kalb werde.

In den Fernseher schaue ich nur noch um zu sehen, was sich die Leute alles bieten lassen.

Heute ist mir danach zumute, mich in den laufenden Wildwestfilm einzumischen. Bevor noch einer der pockennarbigen Kerle ziehen kann, springe ich auf und lösche sie alle mit einem einzigen Knopfdruck aus.

Abends werde ich auf Besuch gehen müssen, einen Gegenbesuch, einen, der mir gegen den Strich geht nämlich. Einer der vielen verlorenen Abende wird es werden, fürchte ich, ohne dass ich wüsste, wie der Verpflichtung zu entkommen sei. Falls ich im letzten Moment aber doch kneifen sollte, wäre ich entlarvt als eine Stelle, an der das Wort brüchig zu werden beginnt. Man meidet solche Stellen besser, so denken sie bereits in meinem Kopf, noch bevor ich mich zu etwas entschlossen habe. Meine Aversion gegen Gehörigkeiten dürfte sich aber die Waage halten mit meiner Unfähigkeit, etwas an ihre Stelle zu setzen, was meiner Natur gerecht wird. Fest steht, dass es für Besuchsverweigerungen keine Formen gibt. Also werde ich wohl auch diesmal hingehen und in die laufenden Gespräche hineinhorchen, wie hohl es darin schon klingt.

Das Haus ist meiner überdrüssig, meiner Zimmerhockerei und der Unlust, etwas zu unternehmen. Es schickt mich hinaus. Gemeinsam mit meiner stets zum Gehen bereiten Frau lenkt uns ein alter Fuhrweg durch die Felder. In seinen ungleich tiefen Radspuren werden wir durchgerüttelt von den Fuhrwerken vergangener Zeiten, werden von der strengen Geraden abgelenkt durch Grasschöpfe und aus dem Boden stechende Steine, bis der Weg mit einem rechtwinkeligen Knick uns zu verstehen gibt, dass es für diesmal genug ist.
Es dämmert bereits, als wir zum Haus zurückkommen. Es zeigt sich zufrieden mit uns, führt uns zum Kühlschrank, wo es frischen Käse, Radieschen und Schinken anbietet; den Rotwein stellt es direkt auf Augenhöhe vor uns hin. Er dürfte gut temperiert sein, weil ich ihn zu Mittag entkorkt habe – ein Grund mehr, warum ich Gläser aus dem Schrank hole. Weil ich doch etwas ins Schwitzen geraten bin, schalte ich im Badezimmer den Elektrostrahler ein.
Das Haus scheint auch der Frau gesagt zu haben, dass jetzt ein warmes Bad gut täte, weil sie mit frischen Sachen auf dem Arm die Stiege herunterkommt.

Als Fremder biege ich abends in meine Parklücke ein und spüre im Hinaufgehen über die Stiege, wie die Familienform sich füllt.

Die Kinder hängen an den Eltern als den Allegorien ihres Ursprungs.

Für meine Familie halte ich die gut verfolgbare Spur eines Vaterlebens aufrecht.

Meine Schwäche, das ist ja nur die des Systems, das an der mit meinem Namen bezeichneten Stelle schadhaft geworden ist.

Solange einer die Sache nicht trifft, trifft er mich nicht. Ich kann ihm nur schulterzuckend zusehen, wie er ins rote Tuch fährt, hinter dem ich gestern gestanden bin.

Keine Ahnung, wer ich im Augenblick bin. Ich existiere ja nur in dem Eindruck, den ich im Leser erwecke. Solange ich ihn nicht beeindrucke, gibt es mich als Schriftsteller nicht.

Heute, am ersten warmen Tag, fühle auch ich mich ausgesprochen philanthropisch und nicke jedem, der mir begegnet, freundlich zu.
Aber was ist das? Von all der ausgesandten Freundlichkeit kommt nichts mehr zurück.
Ich kann es den Umwohnern nicht verübeln: Zu lange schon bin ich für sie ein schwarzes Loch, in dem ihre Versuche, mich in ihre Umgänglichkeiten einzubeziehen, sang- und klanglos verschwinden.

Angenehm werde ich den Leuten, indem ich ihnen meinen Namen nenne.

Mit dem Ausdruck des Bedauerns schaut der geistliche Herr auf die Uhr und steht auf. Nicht er sei es, der wegwolle, besagt seine Miene, sondern die Zeit dränge.

Vorher und nachher ist leicht reden.

Erstmals auf einer der gefürchteten deutschen Autobahnen. In der ersten Spur fahrend, äuge ich in die zweite und dritte hinüber, wo in altgermanischer Strenge die neuen deutschen Volksbräuche abgewickelt werden.

Ich will unterwegs einen befreundeten Journalisten besuchen. Er ist nicht in der Redaktion. Soll ich ihm das Käsestangerl, das ich ihm mitgebracht habe, auf den Tisch legen, vielleicht mit einer beigelegten Widmung? Sicherheitshalber esse ich es aber selber weg und spüre im Kauen, wie ihm das geschmeckt hätte.
Später treffe ich ihn in seinem Stammlokal und erzähle ihm vom Käsestangerl. Bis in alle Nuancen hinein versuche ich ihm das Knackige, Frische und Würzige zu schildern, vielleicht habe ich sogar mehr herausgeschmeckt, als die Bäckerei hineingegeben hat. Jedenfalls genießt es der Freund auf seine Weise. Das erzählte Stangerl übertreffe das inzwischen im Darm Gelandete sogar an Frische und Würzigkeit, goutiert er, überdies habe es den Vorteil, dass es nicht schwer im Magen liege.

Über die Dächer hin zieht ein Vogelschwarm und verlässt alsbald mein Gesichtsfeld. Nach ihm trifft das Auge auf Türmchen, Schornsteine und Eternitdächer, vor denen der Schwarm die Kurve genommen hat. Ich muss die Gegenstände sprachlich sehr behutsam anfassen, damit sie mir nicht unter dem Zugriff zerbrechen an dieser immer noch durch den Vogelschwarm aufgewerteten Stelle.

Merkwürdig, wie das Torkelnde, Zufällige und Unberechenbare, das man an einem vom Wind dahin gestoßenen Blatt mit Wohlgefallen verfolgt, Schrecken einflößt, wenn es am Menschen zutage tritt.

Ich habe kalt und im Moment keinerlei Perspektive. Da hält mir einer den Hut hin. Ich ziehe einen mittelgroßen Geldschein aus der Brieftasche, damit etwas Freude entsteht, egal wem sie zuzuordnen ist.

Wir haben ein neues Auto. Rot, dunkelrot. Mir scheint, dass es sich gerade vom Rot verabschiedet, um sich gegen das Pessimistische hin in Bewegung zu setzen.
Wir sehen nämlich von Jahr zu Jahr mehr schwarz. Deshalb haben wir eine Vollkaskoversicherung abgeschlossen. Bei Hagel, Wildschaden, Dachlawinen, Vandalismus und dergleichen können wir uns eigentlich eins lachen, denn in solchen Fällen zahlt sich unsere Vorsicht auch aus, und wir stehen vor unseren Bekannten als Leute mit richtiger Einschätzung der Lage da. Rechnerisch kann uns also kaum etwas zustoßen, wogegen wir nicht versichert wären. Außer, dass wir tödlich verunglücken und so nichts mehr vom Schadenersatz haben. Das freilich wäre im doppelten Sinne blöd. Und gerade gegen diesen Fall kann man sich nicht versichern.
Also fahren wir entsprechend behutsam zwischen Aquaplaning, Wildschaden und Fremdverschulden mannigfaltiger Art dahin. Es ist, als ob wir gar nicht fahren würden. Regungsloser als im häuslichen Bereich sitzen wir stundenlang neben einer langsam vorüberziehenden Landschaft, zwischendurch immer wieder bedenkend, wie viel wir für bloß befürchtete

Schadensfälle ausgegeben haben und dass wir rechnerisch besser dastünden, wenn es einmal einen mittleren, wohlgemerkt: nicht zu großen! Krach gäbe. Damit würde sich die Passivität und Starre des Dasitzens wieder lösen. Man könnte einen befreundeten Rechtsanwalt anrufen, könnte sich bei der Aufnahme des Unfallprotokolls eine günstige Ausgangsposition für die spätere Verhandlung schaffen und hätte überhaupt ein Thema, bei dessen Erörterung man wieder aktuell wirkte.

Idiotisch, mit was für einer Zuversicht der Mann im Rollstuhl sich zum Zeitungskiosk hinaufmüht, sich den neuen Tag herausreichen lässt, ihn auseinander faltet und auch schon in ihm aufgeht.
Mir ist die liegen gebliebene Zeitung von gestern gleich gut wie die druckfrische, handelt es sich doch bei beiden um das Gleiche: um Zeit.

Wer in der Zeit lebt, ist immer alt, egal ob vier, vierzig oder achtzig Jahre.

Dass Frau N. in ihrem Leben nicht viel vorfindet, was man feiern könnte, außer dem Umstand, dass sie geboren worden ist – an einem bestimmten Tag natürlich, der somit zum wichtigsten in ihrem Leben wird –, bemerke ich, nachdem ich ihr zum Geburtstag zu gratulieren vergessen habe und für sie fast die Welt zusammengebrochen ist.

Die zu vergehen drohende Zeit durch Dienstagsknödel zu allwöchentlicher Wiederkehr zwingen.

Ewigkeit, so etwas braucht sich nicht endlos hinzuziehen, etwa als unauflösliche Ehe oder immerwährende Neutralität. Jede gewöhnliche Sekunde hat potentielle Ewigkeit in sich. Das Anreihen von Sekunden, von noch so vielen, ergibt nur Zeit.

Wir haben gefrühstückt, gut und lange. Während ich abräume, fällt mein Blick auf die Uhr: Unglaublich, bald zwölf! Es wird schon einiger Energie bedürfen, dass wir der Mittagszeit heute nichts auf den Tisch stellen.

Wie hoch in unserer Gegend die einzelnen Kirchenfeste gefeiert werden beziehungsweise wie tief sie in der Volksfrömmigkeit verankert sind, lese ich davon ab, wie früh am Vortag beim *Hofer* der Schlagrahm ausgeht.

Gott als Universalschlüssel: Einige tragen ihn an der Halskette mit sich.

Eines Tages sprach Jesus zu seinen Gefolgsleuten: *Ändert euch!*
Sie aber änderten nicht sich, sondern ihre Kleider. Von da an entstanden zahlreiche Änderungsschneidereien.

In seiner ersten Predigt scheint sich der neu in die Pfarre installierte Geistliche noch nicht schlüssig zu sein, ob er gleich mit Hölle und Verdammnis Gas geben soll oder es noch einmal mit der unendlichen Güte Gottes versuchen, mit der allerdings schon sein Vorgänger gescheitert war: So springt er recht unschlüssig zwischen Zorn und Güte Gottes hin und her.

Der Klerus als das dicke Ende des Wartens auf Gott.

Immer tiefer singen und beten die Gläubigen sich in ihre Abhängigkeit hinein.

Ist es ein Zufall, dass ein Papst, der dogmatisch nicht vom Fleck kommt, so ruhelos in der Geographie herumspringt?

Es rührt mich jedes Mal in meiner katholischen Seele, wenn ich beobachte, wie eine Kuh am Rande einer Wiese niederkniet, um unter dem Zaun durch mit weit vorgestreckter Zunge noch das eine oder andere Grasbüschel aus dem jenseitigen Feld herüberzurupfen.

Hermann, vom Typ her ein Petrus, wie man ihn von Dürerbildern kennt: hohe Stirn, Adlernase, knochiges Kinn, flackernder, suchender Blick, scheint auf jemanden zu warten, weil er jedes Mal, wenn sich die Türe bewegt, die Augen dorthin richtet. So viel ist sicher: Jesus wird nicht kommen. Deshalb weiß er nicht recht, wohin mit seiner Unruhe, und fingert nervös am Bierglas herum.

Männerköpfe auf dem Platz vor der Kirche. Jeder ist anders dimensioniert, verspannt, gestaucht und aus der Symmetrie geraten, ähnlich einer von vielerlei Kräften aus dem Ebenmaß gebrachten Gebirgslärche. Das Schöne an beiden besteht für mich darin, dass in ihnen dieselben Kräfte wie im Hintergrund der kargen, steinigen Landschaft am Werk sind.

Die vor Zweckhaftigkeit strotzenden Körper der Männer und die der früh in Sackgassen geratenen Frauen: für die Prozession in Trachten gesteckt und in Zweierreihen aufgestellt sehen sie gar nicht mehr so übel aus.

Die Katholiken hacken zu Fronleichnam Buchenäste ab und stellen sie entlang der Prozessionsstrecke auf. Erst dort sind sie ihnen heilig.

Das Gebot, nicht zu neiden, zu hassen und aufzubegehren, ist Teil einer Moral für Untertanen.

Dein Zorn, Mann, ist wahrlich eine Sünde, denn es hätte daraus eine Tat werden sollen.

Gewiss, das ständige Herumfühlen geht mir auf die Nerven, aber es ist wohl nicht das Fühlen an sich, was mich anwidert, sondern was in die Möglichkeiten des Fühlens eingeflossen ist.

Wer seinen Nächsten liebt, wird darin umkommen.

Auf meinem Abendspaziergang entlang des Waldrandes höre ich hinter einer Wegschleife eine Frauenstimme. Sie kommt näher. Sehr gütlich, aber auch flehentlich redet sie auf jemanden ein.
Als die Frau hinter einem Gebüsch auftaucht, stutze ich: Sie ist allein. Sie hat gebetet.

Eine der immer freundlichen Nachbarinnen, der sich die Leutseligkeit schon in die Gesichtszüge eingeschnürt hat, steht hochroten Kopfes vor dem Tor ihres Hauses, von wo aus sie, nicht unähnlich einem der rabiaten Kleinhunde, zwei verschüchterte Zeugen Jehovas verbellt. Obwohl die schon außer Hörweite sind, schickt sie ihnen noch ein paar heisere Kläffer nach.

Pfarrkirchenrat N., der sich im Winter durch Hausschlachtungen ein Zubrot verdient, hat ein so vertrauenerweckendes Wesen, dass selbst das in den Keller hereingeschobene Schwein zuversichtlich zu sein scheint, mit ihm werde etwas Sinnvolles geschehen.

Großer männlicher Sterbensakt. Auf diese Stunde hat sich der alte Vorbeter sein ganzes Leben lang vorbereitet; bei jedem Rosenkranz hat er die Fürbitte *um eine glückliche Sterbestunde* eingeflochten.
Nun ist Gott dran. Tief steht er in der Schuld des großen Beters mit seinem schier unüberschaubaren Gebetsguthaben. Hustend und spuckend dröhnt er ihm entgegen.

Wenn einer jahrelang in der Enge einer Wohnung, im Rollstuhl sitzend, sich hin und her bewegt hat, eines Tages sich entschließt, mit seinem Gefährt zu einem weit entfernten Ort aufzubrechen, zu einem etwa, von dem es heißt, dass dort die Gebeine des Apostels Petrus begraben liegen, so kann es nach den Anstrengungen der Pilgerfahrt geschehen, dass er dort angekommen ein anderer geworden ist, sodass es s aussieht, als ob die Gebeine des Apostels Wunder gewirkt hätten, auch wenn sie nur der Legende nach unter der Kuppel des Petersdoms begraben liegen.

In meinen Studentenjahren zog es auch mich einmal nach Rom. Einer Erschütterung gewärtig näherte ich mich dem über dem Petrusgrab errichteten Dom, stieg langsam die Stufen zum Portal empor und blieb wenige Schritten danach stehen, enttäuscht, ja empört, wie gottlos hier mit Gold und Marmor geprunkt und das Andenken an den Apostel mit weltlichem Firlefanz verstellt wird.

Ungläubiger, als ich hineingegangen war, kam ich wieder heraus. Auf einer Stufe stehend beobachtete ich, wie Wallfahrer aus Bussen stiegen. Plumpe Fetischisten tummelten sich da auf dem Petersplatz, Ortsgläubige mit ihren Ortspfarrern, Dilettanten des Ankommens, die wie ich die Sache von Grund auf falsch angegangen waren und so nur von einem Ort zum anderen kommen konnten.

Nach dem Essen wird abserviert: Topf und Teller, Besteck und Servietten, dann mit einem Lappen die Speisereste in die hohle Hand gewischt. Was bleibt, ist ein an Malewitsch erinnerndes Quadrat.

In tausenden Haushalten des Landes wird darauf hingearbeitet, dass die Tische nach nichts als nach Tisch aussehen, die Tücher so, wie man sich Tücher vorstellt, die Fenster wie Fenster.

Man stelle sich vor, wie viele Tonnen an Reinigungsmitteln und Stunden an Arbeitszeit für die Trennung von nicht zum Begriff Gehörigem aufgewendet werden: Riesige Bündel an Lebenszeit von Hausfrauen und Fabrikarbeitern werden dafür aufgewendet, Tag für Tag. Schon am Abend sind sie nicht mehr vorhanden, haben sich verflüchtigt. Die Göttin der Reinheit hat sie zu sich genommen.

Das Reine und Vollkommene, wie man es beispielsweise von der Marienverehrung her kennt, wird in eigenen Anstalten, den *Chemischen Reinigungen*, in die Wege geleitet, wenn auch nicht, wie es zur Vollkommenheit gehören würde, für alle Zeiten, sondern allenfalls für eine Ballnacht. Unter Schaudern wird manch blendend weißes Frackhemd im Hinterzimmer gebügelt, in eine schützende Nylonhaut geschweißt und mit Verneigung übergeben, auf dass es am Abend erstrahle als Abglanz der Gottheit.

Menschen, die Hunger und Durst bändigen, weil sie sehen, dass alles, was sie den Körpern zuführen, in ihnen auch schon verloren ist, die auf etwas hinfasten und sparen, was sie, während sie verzichten, noch nicht zu Gesicht bekommen, das aber über sie hinausweisen sollte … wenn derlei Übersteigung aus ihren Selbstaufopferungen doch nicht hervorgehen will: keine würdigen Erben, kein sie verzehrender Gedanke, so beschließen manche am Ende, ihre Ersparnisse der Kirche zu vermachen. Es sieht einfach besser aus, wenn die Frucht eines Lebens in einer guten Absicht aufgeht, als wenn damit ein Kleinbetrieb zu einem mittleren ausgebaut wird.

In gewisser Hinsicht haben sie ja Recht, die, immerzu um ihr Leben besorgt, mit viel Bedacht die Brote belegen und dabei bedenken, dass Zucker und Fette zum Niedergang des Körpers beitragen, dass Fleisch am besten ganz zu meiden sei, andererseits auch vegetarische Kost zu Mangelerscheinungen führt. So bleiben ihnen am Ende nur einige von Befürchtungen nachzuckende Sesamlaibchen, bittere Molke, grau gekochte, sich angeblich neutral verhaltende Gerste. Und selbst bei diesen Anwälten der Gesundheit muss man gefasst sein, dass sie sich von einer Zeitungsseite auf die andere als Geschäftemacher entpuppen und nicht weniger als andere Nahrungsmittel am Niedergang des Körpers beteiligt sind, weil eben alles, auch ein noch so gesund aussehendes Sesamlaibchen, à la longue zum Tode führt.

Zwei feine Amtsherren steigen aus einem Mittelklassewagen, beide ideal genährt, aber noch nicht übergewichtig. Nichts Unkontrolliertes lassen sie in ihrem Erscheinungsbild aufkommen. Die Anzüge halten ihre Inhalte im Rahmen des Unauffälligen, Hemden und Schuhe fügen sich in die Mode der Jahreszeit.
Der Natur fällt an dieser Stelle einfach nichts mehr ein.

Liebe, Güte, Respekt, Zärtlichkeit, Einfühlung, Verständnis und was sonst an Menschlichkeit der Lebenskampf nicht zulässt, dürfen die Gläubigen in uneingeschränktem Maße in den Gedanken an ihre Verstorbenen ausleben.

Die Lebensbewältiger bringen jeden Tatbestand auf kürzestem Wege auf *gut* oder *böse*, wo sie dann ansetzen können mit ihren Fähigkeiten zu lieben und zu hassen.

Denken heißt für sie, die Wirklichkeit durch Urteilung so aufzubereiten, dass sie mit den in der Umgebung vorhandenen Begriffen weiterarbeiten können.

Da ein freundliches Lächeln nun einmal in jedem Semmelkauf inbegriffen ist, warum, bitte, sollte ich dann gratis in der Gegend herumlachen?

Ich fühle mich heute so gerührt: von meinem Geburtstag, dem so schön runden.

Unmerklich gehe ich im Hintergrundrauschen der Gegend unter: ein Mitmacher, Mitfühler, Mitesser.

Aus Angst, auf unheilvolle Weise in mein Bild einzugreifen, äußere ich nichts von dem, was in mir vorgeht, sondern halte mich an die jeweils nahe liegenden Redensarten.

Ich möchte so frei sein, wie andere sich geben.

Das Schönste an mir ist momentan meine neue Balkontür.

Man wird es mir nicht glauben, aber ich werde immer noch schöner. Kontomäßig. Ich muss in Hinkunft nur öfter statt in den Spiegel auf den Kontostand schauen.

Von einem Monatsersten auf den anderen bange ich, ob ich mit dem Gehalt auskommen werde. Wenn ich selber auch auf einiges verzichten muss, so macht mir das aber weniger aus, als wenn die Zahlen schlecht aussähen. Am Ende des Monats bin ich dann jedes Mal so erleichtert, halbwegs glatt weggekommen zu sein, dass ich gar nicht merke, dass wieder ein Stück Leben vorbei ist.

Die Zeit, in der ich mein Brot als Landesbeamter verdient habe, erscheint im Rückblick wie eine Wüste aus Sekundensand. Ich komme darin gar nicht vor.

Ich war noch nicht ganz drin in meinem Beruf, schaute mich nur ungläubig um, staunend, was da aus welchen Gründen und zu welchen Zwecken getan wurde, da lag ich auch schon wieder draußen, in der Pension, und wusste wieder nicht, was ich anfangen sollte.
Die Altersgenossen haben alle bereits einen Stil gefunden. In knielangen, gut durchlüfteten Hosen, den Gartenschlauch mit regelbarer Düse vor dem stockigen Leib hin und her schwenkend, steht einer vor einem Rhododendron-Strauch. Seine Waden sind fest und behaart. Jetzt geht er weiter und sprüht über den aufknospenden Ginster hin.
Das kann ja ein erfüllter Tag werden!

Ich schleppe Bretter durch das Stiegenhaus der Schule hinauf. Im Gegenlicht taucht der Umriss einer Frau auf. Wir grüßen einander. Ich füge hinzu, dass ich peinlicherweise nicht zu erkennen vermag, mit wem ich es gerade zu tun habe.
Etwas Unbekanntes zu sein hält auch die Frau nicht aus. Frau Patzky sei sie, habe dem Sohn die Turnsachen nachbringen

müssen, er sei so vergesslich ... Ich will den Schwall, mit dem sie sich ins Bekannte herausarbeitet, nicht in seinen Einzelheiten hören; mich interessiert das Abgründige, das durch die Begegnung entstanden ist.

Wie Maget, der Senegalese, mit dem ich eine Zeit lang Tür an Tür gewohnt habe, habe ich mich mitten am Tag niedergelegt und geschlafen. Aufgestanden bin ich aber nicht so pudelfrisch wie er, sondern mit einem teigigen Gefühl, das mich an die schwerleibige Haushälterin des Pfarrhofs erinnert.

Während ich meinen zwei Enkeln zusehe, wie verbissen sie hinter dem Fußball herrennen, muss ich daran denken, wie viel ich selber gerannt bin: hinter Bällen her, guten Noten nach, Mädchen und beruflichen Chancen hinterher, von einem Seminar zum anderen ...
Von all dem reut mich am wenigsten das Hinterherrennen hinter Bällen.

Meine alternden Lungen vergrößern alle Raumabstände und türmen die Berge höher auf.

Nie habe ich einen reineren Bezug zum Tode gespürt als während des Einbiegens des Fleischerautos in den Schlachthof. Über die Seitenplanken des schaukelnden Gefährts hinweg erkenne ich gerade noch den Rücken des Schlachtviehs, und das ist in dem Moment die einzige Verunreinigung des eigenen Sterbens.

Liegt einer in der Todeszelle, ein finsterer Geselle und Verächter der Gesetze offenbar, und muss es sich gefallen lassen, dass der Gefängniskaplan bis auf Reichweite an seine gewalttätigen Arme herankommt und mit seinem *in nomine patris* anfängt, einer Formel, in der der Einzelfall keine Rolle mehr spielt. Er erfährt es also noch bei lebendigem Leib, wie er von der Schubraupe der Zeremonien erfasst und planiert wird.

Die nächste Sequenz zeigt das von links her gegen die Bildmitte getragene Friedhofskreuzchen, dahinter ein paar abgenommene Hüte und die gefühllosen Kerle in den dunklen Lodenmonturen links und rechts des Sarges. Donnerwetter, den haben sie aber fertig gemacht! Geschmeidig mit Weihwasser und Gebetbuch hantierend, hat ihn der junge, schon recht gewandte Kaplan erledigt und hineingeschoben in die Wortmühle, in der er soeben so fein zerrieben wird, dass nichts mehr übrig bleibt von dem furchterregenden Gesellen, wie er vorher in der Todeszelle gezeigt worden ist.

Obwohl man meinen könnte, dass ein Dahingegangener aus allen Leiden sei und ihm nichts mehr zustoßen könne, gebärden sich die Hinterbliebenen so, als geriete er erst jetzt in die eigentliche Todesgefahr.
Tatsächlich habe ich auch schon von *danebengegangenen Begräbnissen* gehört. So ist etwa ein abgestürzter Bergsteiger gleich nach seinem Sturz aus der Wand noch einmal abgestürzt, organisatorisch nämlich: Beim Begräbnis fehlten seine besten Kameraden, weil sie zu spät verständigt worden waren. So kann er an dem Tag, an dem er die ewige Ruhe finden sollte, diese keineswegs finden, sondern humpelt noch lange verärgert und verstümmelt über die Wolken hin und her.

Versicherungsdirektor N., der mir, während ich die Serpentinen der Passstraße hinanfahre, auf einmal mit einem in die Böschung gerammten Holzkreuzchen zuwinkt, hat es, wie ich gehört habe, nach einem Sängerfest aus der vereisten Kurve geschleudert. Anpasslerisch wie eh und je hat er sich gleich in die ihm zukommenden Jenseitsformalitäten gefügt und winkt mir nun schon wieder nach mit seinen glatten Totenmanieren.

Es fällt leichter, einem Toten als einem Lebenden gegenüber Verständnis und Liebe aufzubringen. Erst nachdem einer verstummt ist, tritt seine Menschlichkeit in reiner Form zutage. In den Gedanken an ihn spiegelt sich, nunmehr unverzerrt, die Menschlichkeit des Gedenkenden; in der Trauer wird spürbar, wie viel Abtötung dem Trauernden selber widerfahren ist.

Wenn sie schon nie richtig gelebt haben, so hauen sie zumindest mit ihrem Sterben gehörig auf die Pauke. Da wird endlich einmal den ganzen Tag ihretwegen telefoniert und mit bedeutsamer Stimme über sie gesprochen.

Schon ganz wie die Altherrin des Hauses geht die Zugeheiratete mit Lappen und einer Flasche Putzmittel von Fenster zu Fenster, um den Brauch des allmonatlichen Fensterputzes auszuführen.
Draußen auf der Straße schart sich gerade eine Radpartie zu einem Ausflug zusammen. Als die Fensterputzerin die

wohlgelaunten Wortwechsel hört, hält sie in der Arbeit inne, um zu den jungen Leuten hinunterzuschauen, für die Dauer zweier Wischbewegungen etwa, dann fährt sie mit dem Hin und Her fort. Wie ein Abschiedswinken sieht es aus.

Schen woarm heit, schnarrt der alte Junggeselle mit den zu weißen Zähnen über die Tujen hin der jätenden Nachbarin zu. Wie ein persönliches Geschenk bringt er ihr die angenehme Temperatur dar. Nicht aus dem tückischen, wechselhaften Wetter heraus sollte sie erfließen, besagt sein gönnerisches Lachen, sondern aus ihm, dem netten Nachbarn.

Sackige, in Overalls steckende Leiber von Gebrauchsmännern, oben abgedeckt mit verschmierten Schildmützen: Sie selber sind nichts, gehören nur irgendwie zu Haus und Gerätschaft, in dem Fall zu einem Traktor mit verklemmtem Kabel.

Wenn der Besitzer des alten Steyr-Diesel-Traktors sich mit dem Besitzer des großen neuen unterhält, so ist es, was immer sie bereden mögen, im Grunde eine Traktorendiskussion.

Da wir nun einmal alle Gesäße haben, an zentraler Stelle und meist ganz schöne Trümmer, ist das Besitzenwollen schon in unserem Körper vorprogrammiert.

Wenn ein Besitzer sich gehirnlich anstrengt, läuft das naturgemäß auf eine Besitzerweiterung hinaus.

Zwei Verkehrspolizisten haben einen Raser gestellt. Beide zugleich springen sie aus dem Einsatzfahrzeug, ihre Körperhaltung zeigt Kampfbereitschaft. Hart nehmen sie ihn in die Zange. Er windet sich, aber er kommt ihnen nicht aus, nicht auf die unschuldige Tour, mit der er es noch einmal versucht. Durch die ruckartigen Bewegungen, mit denen das Schreibzeug gezückt und das Strafmandat aus dem Block gerissen wird, sieht man durch, wie sie ihn zusammenschlagen: Da, dieser Tritt dafür, dass du uns entkommen wolltest, so, und diesen Nackenschlag dafür, dass du uns sicher schon öfters durch die Lappen gegangen bist.

Die Verbrechen sind auch nicht mehr, was sie einmal waren: In die Abhängigkeit von der Kriminologie sind sie geraten.

Jeder Mörder hat einmal klein angefangen: da ein paar Gemeinheiten, dort ein paar Kavaliersdelikte, und hat es schließlich doch zu etwas gebracht: zu öffentlicher Beachtung.

Viel von dem, was man tun möchte, darf deswegen nicht geschehen, weil es sich schlecht anhörte.

Wenn einer banal lebt, hat das den Vorteil, dass er mit jedem noch so fahrig geführten Gespräch mit ausgesprochen wird.

Vorort nennt sich ein Ort, der nicht genug Selbstbewusstsein aufbringt, um sich selbst als Ort zu verstehen.

Das Klare beherrscht das Unklare.

Wie, wenn es kein Sehen gibt, sieht erst das Wiedersehen aus!

Für gewisse Leute ist jeder Ort, an den es sie verschlägt, der schlimmste und unerträglichste auf der ganzen Welt, einfach weil sie dort sind.

Immer wieder reißt den Müttern die Geduld, die neuzeitliche Pädagogik erfordern würde, und sie greifen auf die bodenständige Erziehungsmethode zurück: die Furial-Pädagogik.

Die ruhelosesten Arbeitstiere haben die schönsten Ruhebänkchen vor ihren Häusern aufgestellt.

So jung und seinem Traktor schon so ähnlich!

Viel Erfreuliches dürfte mein Nachbar mit seinen 83 Jahren wohl nicht mehr zu erhoffen haben. Trotzdem höre ich ihn öfter als früher *hoffentlich* sagen.

Der Blick des Herrn Direktors geht den Schülern bis auf den Grund der Seelen. Soeben hat er zwei in einem Winkel der Aula stehen gesehen. *Na, ihr zwei, was ist mit euch?*, rüffelt er in einem Tonfall, in dem alles Wissen um die Durchtriebenheit der jungen Leute mitschwingt.
Und die beiden verdrücken sich schlechten Gewissens.

Bei der Festansprache findet der Sportclub-Obmann so schlanke, ihn selber vergeistigende Worte, dass ich ihn später in der Sauna, als wir über unser Körpergewicht reden, glatt um fünf Kilo unterschätze.

Vor mir liegt ein Zeitungsfoto von Franz Rieser, aufgenommen wenige Minuten, nachdem er Landeshauptmann Wagner, von dem er sich ungerecht behandelt fühlte, angeschossen hatte. Riesers Waldschrattkopf ist überproportional groß, das Gesicht zerfurcht, der Blick lodert. Zwei glatte Gesichter von Sicherheitsbeamten erstrahlen in vollem Diensteifer hinter ihm.

In etwa so wie sie wird man sich die Mächte des Lichtes vorstellen müssen und so wirr, gequält und in sich zerfallen wie der Arretierte die Mächte der Finsternis. Zur allgemeinen Erleichterung hat man sie einmal zu fassen bekommen und kann ihnen eins in die Rippen rammen in dem guten Gefühl, damit etwas zur *inneren Landesverteidigung* beizutragen.

Überschrift in einer Kärntner Zeitung:
Kärnten ist auch im Kriegsfall ziemlich sicher.

Aufschriften auf Firmenwägen:
Kälte Kogelnig
Selbstabholung

Hineinlaufen ins kalte Wasser und dabei, um die Kälte nicht zu spüren, die Schritte zählen.

Den Blick auf die Milchschüssel, ereilt der Schuss das Schwein. Der Tod zeigt sich ihm als Trübung der Milch und Verschwimmen des Schüsselrandes.

Man blutet eigentlich ununterbrochen: innerhalb des Adernsystems. Schlimm wird das Bluten erst, wenn es aus dem System austritt.

Ich lasse mich nicht auf Torten, Gratulationen und Lob ablenken; ich müsste mich sonst mit der in ihnen enthaltenen Energie zufrieden geben. Die meine entspringt daraus, dass ich direkt dem Nichtsein gegenüberstehe. Das ringt dem Körper die Gegenkräfte ab, auf die ich mich verlasse.

Auf dem Parkplatz neben dem Haus spielen mein Neffe und ich Federball, beide ohne rechte Lust. Da hole ich eine Kreide und zeichne Felder auf den Asphalt. Von da an spielen wir mit mehr Einsatz.

Manchmal verhält sich mein Kopf zum restlichen Körper ähnlich wie das Grazer Slawistik-Institut sich zu Osteuropa verhält.

Mit einem Heuballen auf dem Rücken gehe ich den Oberrand einer beängstigend hohen Böschungsmauer entlang und überwinde das Schwindelgefühl durch den Gedanken, dass ich von Kind auf gewöhnt bin, über Felswände hinabzuschauen. Nur in den Waden kribbelt es weiter. Sie wissen anscheinend nichts von meiner Kindheit.

Es muss schon eine Zeit allgemeiner Hoffnungslosigkeit sein, wenn eine dreizehnjährige Eislauf-Hoffnung über zwei Zeitungsseiten hin breitgewalzt wird.

Das Fensterchen des Klos lenkt meine Blicke hinaus in das Gesprenkel eines vor sich hin wuchernden Mischwaldes. Seit ein paar Tagen arbeitet sich darin eine Schubraupe vor. Einen Forstweg schiebt sie aus. Der früher so finstere Wald wird also zugänglicher, menschenfreundlicher werden. Auch er will Sinn und Zweck haben, als Klopapier zum Beispiel.

Der Wert eines Grillhuhns hängt unter anderem von den vorhandenen Parkplätzen ab.

Man möchte schon ausbeuten: auf möglichst tüchtige, intelligente und zielstrebige Art, aber man möchte nicht *Ausbeuter* genannt werden, sondern tüchtig.

Unzucht ist das Ursprüngliche, Zucht und Erziehung das Ergebnis von allerlei Zieherei.

Weil auf den Straßen des Tales so viele Frösche überfahren werden, warten viele der hiesigen Mädchen vergebens auf den Märchenprinzen.

Manche gewinnen durch ihr Kommen, die meisten verlieren dabei.

Die Augen als Schauplätze, auf denen die Materialschlachten der Wirklichkeit ausgetragen werden.

Einer, der lokal nicht recht weiterkommt, weil er vielleicht ein steifes Bein hat, kommt auch wirtschaftlich, sozial und erotisch nicht recht vom Fleck.

Da schmeißt man den Leuten einen Tag *Gratis-Telefonieren* hin – und siehe, selbst die, die nichts zu sagen haben, reden sich die Seele aus dem Leib.

Ein Mutterherz, auf und auf voll von Telefonnummern.

Frau N. ist sehr lieb zum lieben Gott, aber umso rescher zu Mann und Kindern.

Im Kaffee-und-Kuchen-Ton reden die Frauen über die Kinder der Einheimischen und die Fratzen der Zugezogenen.

Aus dem Gewimmel der Körper sucht sich die Jahreszeit die für ihre Zwecke geeigneten aus, presst sie gegeneinander, schlingt Arme um Hälse und verkrampft Finger miteinander. Als einer, der im Begriffe ist, die Arme wieder frei hängen zu lassen, fragt man sich: Wozu denn dieses Sichverkrallen? Die Sache in den Heuhütten, auf den niedergeklappten Autositzen und später in den Ehebetten wird es immer geben; die wird nie alt. Nur die einzelnen Körper, sobald sie sich nicht mehr eignen, daran teilzunehmen, fallen aus ihr hinaus. Allein und zufrieden sitzen sie an schönen Frühlingstagen auf den rot lackierten Bänken im Park, und es ist ohne Belang, wohin sie nachher gehen.

Halte dich zurück mit dem Wort *Liebe*, verordne ich mir, versuche, wo es sich aufdrängt, zu erfassen, was an dieser Stelle im Gange ist, nenne es eine *allgemeine Verhältnissüchtigkeit*, was da an lauen Abenden um sich greift, nenne es *ein listenreiches Manövrieren aus Angst, außerhalb aller Verhältnisse zu stehen.*

Ich liebe dich. – Horch, wie es in dem Sätzchen jammert, feilscht, vergeblich fleht, wie ungerecht es sein kann, wie es Laffen, die es in keiner Weise verdient haben, in ein Hochgefühl versetzt und verdienstvolle, ehrliche Bürger erniedrigt. Das ist schon eine alles Geschehen mitbestimmende Formel,

vergleichbar der des Wassers, das das eine aufblühen lässt und das andere durch ein Zuviel erstickt. Zwischen unterschiedlichen Konfessionen, Rassen und Altern hat das Sätzchen Brücken geschlagen; Despoten hat es gezeigt, wer der eigentliche Herr im Lande ist …
Derlei geht Herrn N. durch den Kopf, während er an der Seite seiner wohlgeformten Gattin spazierend, das Sätzchen wie ein glühendes Eisen auf der Zunge wälzt. Worauf es wohl hinausliefe, wenn er es aus dem Munde ließe? Was könnte es anrichten? Allzu leicht macht es Männer zu Spielbällen weiblicher Launen; auch klingt es zu glatt, als dass man sich ihm auf Gedeih und Verderben ausliefern möchte.
Herr N. lässt es nicht aus seinem Munde. Schweigsam geht er neben seiner Gattin einher.

Was soll ein Mann angesichts einer Schönheit machen? Er ist ihr nun einmal zugeordnet, da nützt kein Überlegen, da kommt kein davon unabhängiger Gedanke auf. Er kann nur zusehen, wohin das führt.

Aus spitzem Winkel heraus beobachte ich meine Nichte, wie sie sich für den Abend schön macht. Während sie, schon recht zufrieden mit ihrer Aufmachung, sich vor dem Spiegel dreht, um den Sitz der Frisur zu begutachten, gleitet einer der Blicke über das Glas hinaus, zu mir herüber. Etwas von ihrem Selbstgefühl schwappt dabei mit, sodass ich spüre, wie innig sie sich selber zugetan ist.
Mir ist noch eine Weile ganz warm davon.

Der Voyeur verhält sich im Grunde ökonomisch. Er überlässt es den Begleitern der Frauen, für Ringe und Roben zu sorgen, überdies haben die sich im Laufe des Tages tausenderlei Albernheiten anzuhören und Gereiztheiten zu ertragen, wogegen er, der Flaneur mit der dunklen Brille, erst auftaucht, nachdem die Vorbereitungen abgeschlossen sind und er abschöpfen kann, wofür die Begleiter sich verausgabt haben: die reinen Erscheinungen.

Kleidung ist immer Übergangskleidung. Sie bildet einen Übergang von der Wechselhaftigkeit und Willkür des Einzelfalles hin zu der im Lande vorhandenen Tradition. Eine Person, die verstanden werden will, tut also gut daran, sich mit dem gleichzusetzen, was bereits in die Kleidung eingearbeitet ist.

Kleidung ist auch Opfergewand: Weithin sichtbar geben Sportdressen, Dienstanzüge, Uniformen, Waidmannsröcke, Soutanen, Ordensgewänder und Trachten Auskunft darüber, welchem die Person übersteigenden Sinn der Inhalt der Kleidung dargebracht wird.

Damenschuhe zum Beispiel verstehe ich als *ideologisiertes Leder*. Sie lassen den Fuß, so wie er gewachsen ist, nicht gelten, sondern stelzen ihn entsprechend den herrschenden Begriffen von einer Dame hinten auf; die Breite der Fußschaufel wird zugunsten einer als elegant geltenden Linie schmal gepresst und die Farbe des Fußes mit geradezu politischer Glätte unter den Teppich gekehrt.

Männer, die es sich von Berufs wegen nicht leisten können, Individualität, Großzügigkeit, Spontaneität und dergleichen zu entfalten, überlassen es den Anzügen und Krawatten, derlei zur Schau zu stellen, so wie auch Frauen, die es zu etwas bringen wollen, das Liebe, Treuherzige, Unschuldige und Feine in die Kleidung verlagern. Besonders Trauer trägt sich leichter als schlank machendes schwarzes Kostüm mit dazu passendem Täschchen.

Sie sind mit dem Rad gekommen?, fragt mich die Schlossherrin mit Blick auf die kotbespritzten Turnschuhe. Schon in den nächsten Sätzen verliert sich der Respekt, den sie normalerweise Besuchen entgegenbringt, und sinkt ab auf das Niveau meiner Aufmachung. Wie dreckige Turnschuhe würde sie mich behandeln, wenn sie der feineren Gesellschaft, der sie sich zurechnet, nicht entsprechende Umgangsformen schuldig wäre.

Gewiss, meine Aufmachung gibt wenig Anlass, dass eine so attraktive Person wie die Chefin des Kurhotels ihren Charme einsetzen möchte. Einen Moment lang schwankend zwischen persönlicher Geringschätzung und charmanter Höflichkeit, wie sie sie den Gästen gegenüber spielen lässt, schaltet sie schließlich doch auf charmant, wohl weil sie auf diesem Gebiet über mehr Beweglichkeit verfügt.

Sie werde dem Direktor, falls er ihr je noch einmal über den Weg laufe, schonungslos den schuppigen Kopf waschen, werde ihm sagen, was sie von ihm halte, schwört die schöne Stella ihren Mitschülerinnen mehrmals im Laufe der achten Klasse.

Ein Jahr später trifft sie ihn tatsächlich wieder: beim nächsten Maturaball im Gedränge vor der Sektbar. Ein Glas in der Hand, wankt er ihr mit trottelhaftem Lachen entgegen, den Blick auf ihr beachtliches Dekolleté geheftet.
Jetzt wird es passieren, jetzt wird sie ihn fertig machen, freuen sich ein paar Mitschülerinnen in einigem Abstand.
Aber nichts dergleichen geschieht, vielmehr süßelt ihn die schöne Stella an. Würde ja auch nicht zu ihrem bezaubernden Kleid passen, jemanden anzupöbeln.

Der Maestro vom Friseursalon, selber ein sorgfältigst geschniegelter, an den Schläfen versilberter Herr mit erlesenen Umgangsformen, zelebriert mit hohem Respekt die Aufbereitung der Damen für die jeweils bevorstehenden Feste. Während er mit flinken Fingern schnipselt und onduliert, dringt er verbal aufs taktvollste ins jeweilige Kopfinnere ein, wo er dann ebenso geschmeidig und behutsam zu Werke geht, indem er, die jeweiligen Tagesaktualitäten aufnehmend, sie mit vorsichtig gewählten Worten zu ansehnlichen Meinungsgebilden auftürmt und windungsreich ineinander verschlingt, ohne dabei persönlich, moralisch, religiös oder politisch anzuecken.
So ergibt sich eine auffallende Ähnlichkeit zwischen dem taftversteiften Gebilde, das die Kundin erhobenen Hauptes auf die Straße hinausbefördert einerseits, und dem, was ebenfalls vom Maestro mitgestaltet worden ist: den zerebralen Ondulationen unterhalb der Frisur.

Abends kommt Frau N. aus der Stadt, knüpft behutsam das seidene Kopftuch auf und schaut ihren Mann nach langer Zeit wieder einmal lieb an – mit ihrer neuen Frisur.

... *denk ich mit meinem Kopf*, pflege ich manchen Argumenten hinzuzufügen, wohl wissend, dass es auch Argumente gibt, die aus anderen Körperteilen stammen. Aus der Hose heraus dächten die meisten Männer, rümpfen die Damen die Näschen und leiden.
Als einer, der das Gewicht der Argumente des Unterleibes verkannt sieht, kann ich nur zurücksticheln, dass solche Feststellungen wohl auch kaum den Gehirnwindungen entsprungen sein dürften, sondern eher den knapp darüber sich kräuselnden der Frisur, die ja am meisten darunter zu leiden hat, wenn die Männer nicht mit dem Hirn denken.

Mit ihrem neuen Strickkleid hört Frau N. wieder mehr Feinheiten aus der Musik heraus.

Josefine, mach den obersten Blusenknopf besser nicht zu, sonst sieht man deine ganze Verbissenheit und Strenge.

Da hat einer einen so noblen Zweireiher an, dass ihm nichts übrig bleibt, als auch vor mir die Türe aufzuziehen.

Am Ende aller Freiheitskriege und Unabhängigkeitsbewegungen geblieben ist eine Freiheit und Unabhängigkeit bekundende Mode.

Die bestangezogenen Frauen sind meist solche, für die es am besten ist, dass sie angezogen sind.

Späte Einsicht, gewonnen anlässlich eines Einkaufbummels in Venedig:
Wer zum Damenbein greift, wird durch den Damenschuh umkommen.

Angesichts einer so exakt gebauten Vorrichtung, wie *eine schöne Frau* es ist, muss doch jeder das Gleiche denken.

Wenn sonst kein Argument mehr greift, wechselt Frau N. eben vor den Augen ihres Mannes die Bluse, und schon ist der wieder auf dem rechten Weg.

Erschaudernd stehen zwei Verliebte einander als der Tatsache gegenüber, dass sie etwas erfahren, was nicht aus ihnen stammt und auch nicht in ihnen bleiben wird.

Sexualität ist die größte Autorität, die ich je kennen gelernt habe. Wann immer es ihr beliebt, setzt sie meinen Willen aus, und ich muss zuhören, wie ich ihr nach dem Munde rede wie ein Adept dem großen Meister. Schließlich verdanke ich ihr alles, was ich habe: Lust und Leben, wobei das Ich nur jenes schlecht ausgeleuchtete Stück ihres Strömens ist, das versuchen muss, ihren Sinn zu erraten. Über Stock und Stein dahin stolpert es ihr nach, durch Unflätigkeiten und Sittenverstoß heißt es durch, nichts wie hinter ihr her, ihr, die alle persönlichen Pläne und Überlegungen mit Füßen tritt und trotzdem nichts an Glaubwürdigkeit verliert.

Seit ich von einer statistischen Untersuchung her weiß, dass es den ersten Blick von Männern, die Frauen mustern, auf die Brüste zieht, zieht es zusätzlich von diesem Wissen her.

Das Imposanteste an dem mir entgegenkommenden Paar ist, wie ich schon von weitem bemerke, der prächtige Busen der Frau. Er fixiert mich, er verwirrt mich. Ich muss meine Stimme ruhig halten, wenn ich grüße, muss den Blick streng nach oben und mehr gegen den Begleiter hin zwingen, während ich das obligate *Grüß Gott* von mir gebe und dabei keineswegs an den Schöpfer des Himmels und der Erde denke.

Zwar tut der umschwärmten Urlauberin der unbeholfene, vor Erregung stammelnde einheimische Verehrer leid, als sie ihm bei seiner Bitte um den nächsten Tanz einen Korb geben muss, aber sie verpackt die Abweisung in so sanfte, freundliche, ja schmeichelhafte Worte, dass der Abgewiesene davon ganz benommen ist und gar nicht versteht, warum sie auf einmal so lieb zu ihm ist.

Es ist mittlerweile möglich geworden, den Glanz der Jugend synthetisch herzustellen, in Flakons abzufüllen und auf reifere Damen aufzutragen.

N., von Statur klein und gedrungen, kehrt nach der Schicht immer im selben Lokal ein. Auf ein Bier, wie er sagt. Vom Hocker aus schaut er der gut gewachsenen Servierin nach.

Wie sie durch den Raum schwebt, mit was für einer Grazie sie die banalsten Verrichtungen erledigt, das brennt sich in seine Seele ein.
Je länger er sitzt, desto tiefer stößt sie ihn in die eigene Unförmigkeit hinab; geradezu aggressiv wirkt ihre Schönheit auf ihn.

Der Hafnermeister redet der alleinstehenden Frau seine schönsten Öfen ein, alle mit Keramikkacheln, jede dritte schräg gesetzt, echt handbemalte Einzelanfertigungen ...
Die Frau ist dagegen wehrlos. Als er geht, ist sie bereits schwanger davon.

Der stattliche Fleischhauer, den man ob seiner feinen Gesichtszüge für einen Operettentenor oder Primar halten könnte, fühlt sich sichtlich von der Fleischespracht der Gendarmengattin angezogen, wahrt aber streng die Grenzen des Geziemenden, während er sie mit dem Zartesten und Feinsten bedient, was der Laden zu bieten hat. Als *treuer Kundin* steckt er ihr im Weggehen jedes Mal ein Schweinswürstchen zu.

Nachdem der Jagd- und Forstbesitzer, ein Mann jenseits der besten Tage, seiner deutlich jüngeren Erwählten die Trümpfe von Jagdhütte und Auerhahnbalz ausgespielt hat, ohne dass sie nennenswerte Wirkung gezeigt hätte, zieht er hinter seinem breiten Gesäß die letzte Waffe hervor: die Keule des Verlobungsringes. Mit ihr versetzt er der spröden Schönen einen Gefühlshieb, sodass sie eine Weile ganz benommen dasteht.

Da er sie in ihrem Körper nicht suchen darf, bleibt ihm nichts übrig, als ihr in den Hohlwegen des Netten und Hilfsbereiten aufzulauern.

Ich werde mir einen Pulsmesser zulegen, um bei einzelnen Sätzen die entsprechende Pulsfrequenz hinzufügen zu können. Zum Beispiel: *Freut mich, dich wiederzusehen!* (65)
Darf ich dir den BH aufmachen? (123)

Meiner Anima kommen jene Andeutungen von Frauen am nächsten, die in schnellen Autos oder hinter den Scheiben von Zügen vorüberhuschen.

Man sollte mehr in die Luft schauen. So manches Lüftchen hat es nämlich in sich. Je nachdem, wie es sich an den Stimmbändern teilt, stumm vorüberstreicht, haucht, zischt oder schneidende Laute erzeugt, kann es beseligen, trösten, Hoffnung erwecken oder vernichten.

Während mir das Bankfräulein die Vorteile einer Lebensversicherung erklärt, rätsle ich, warum mir ihr Liebreiz mehr zusetzt als der anderer weiblicher Personen. Ich genieße es, wie taktvoll, wie schön es über meine nicht gerade rosige Zukunft spricht.
Vielleicht hat das seinen Grund darin, dass Frauen außerhalb der Berufstätigkeit aus einem unentwirrbaren Für und Wider bestehen, in welches unter anderem das Anziehende der Person verflochten und durch Gegenkräfte wieder aufgehoben ist, wogegen der Reiz des Bankfräuleins gänzlich aufs Gewinnen angelegt ist.

Wegen ihres pfirsichfarbenen Teints und des an Botticelli erinnernden rötlichen Haares fragt man Gabriele öfters, woher sie komme. Sie pflegt darauf zu antworten: *Vom Himmel. Ich bin der Engel Gabriel.*
Mit der Zeit beginnt sie selber an diese Herkunft zu glauben. Jedenfalls empfände sie es als Erniedrigung, ein politisches Territorium als ihre Herkunft anzugeben.

Auf den Stufen, die von der Uferpromenade zum Fluss hinunterführen, sitzt mit sichtlichem Behagen ein Mädchen, das gelöste, von lockigem Haar umrahmte Gesicht der Sonne zugewandt. Man könnte sie für eine Allegorie des Frühlings halten, so malerisch, so vollendet ist sie in ihrer Art.
Als ich wieder hinsehe, kramt sie in ihrer Tasche. Ein Handy zieht sie hervor. Ob es wohl möglich ist, etwas herbeizurufen, was eine Steigerung bedeutet?
Nach einer Weile kommt etwas über die Stufen herab auf sie zu. Erfreut springt sie auf, legt ihm die Arme um den Hals und küsst es ab. Als sich ihre Überschwänglichkeit legt, bemerke ich ihr gegenüber eine Stirnglatze, weiter unten Brillen und Bartgestrüpp. Der Mann ist deutlich älter als das Mädchen und überhaupt so etwas wie der sich abzeichnende Niedergang. Aber das wird sich wohl erst später, an einem weniger schönen Tag, herausstellen.

Der Religionslehrerin hat Gott ein furchtbares Nasenstück nachgeschmissen – wirklich, es sieht nach einer völligen Gedankenlosigkeit des Schöpfers aus, und sie hat zeitlebens damit zu tun, durch Gesang, Tanz und besondere Hilfsbereitschaft den Höcker etwas kleiner erscheinen zu lassen.

Unangemeldet tauche ich bei Familie M. auf. Man sitzt im Fernsehzimmer bei einem frisch verführten Landgeistlichen, auf dem, ihre dürftige Routine ausspielend, eine Dorfschöne sich biegt und erbärmlich stöhnt. Ganz verhalten machen die Frauen mit.
Als nach Abschluss der Sequenz die Dorfschöne aufsteht und ihre Kleider nimmt, steht auch die Herrin des Hauses auf, streicht ihre Kleider glatt und begrüßt mich.

In allen Häusern, in die der Pfarrer kommt, muss er essen. Alle wollen sie hinein in ihn mit ihrem Hausgemachten.

Seit sie aus mehreren vernünftigen Überlegungen heraus dem Gottesmanne als Gattin zugeführt worden ist, sind Männer für N. kein Thema mehr. Ihrer Stellung in Kirche und Gesellschaft entsprechend, kleidet sie sich in Hinkunft schlicht, aber sauber und hält alles Eitle von ihrem Äußeren fern.
Das Begehren freilich scheint seiner eigenen Wege zu gehen. Unter dem Vorwand, Vorhänge für den Pfarrsaal zu besorgen, treibt es sie in die Stadt. Abends kommt sie mit einer Tasche aus einem Textilgeschäft, aber ohne Vorhänge nach Hause. Bange schaut sie zuerst den Eheherrn an, bevor sie das Geheimnis lüftet. Eine Bluse zieht sie aus dem Papiersack, eine ganz schlichte, beruhigt sie den erbleichenden Gottesmann. Der greift stumm nach dem Preisschild und schüttelt den Kopf. Eine gute Woche seelsorglichen Wirkens hat sich da in einen simplen Leinensack verwandelt!
Den entblößten Rücken gegen den Gatten gewendet, streift die junge Frau das Leinen über. *Da schau, echtes Bauernleinen, man erkennt es an den Knötchen,* erklärt sie ihm, indem sie die Hand der Gebete und Segnungen ergreift und

sie über die leichten Unebenheiten der Vorderseite auf und ab bewegt.

Erwacht einer vom *kleinen Tod* und hört wie von ferne, er solle rasch einkaufen gehen, die Geschäfte machten gleich zu, Einkaufszettel und Brieftasche lägen auf dem Tisch ...
Gut, rappelt er sich eben auf und tut wie ihm befohlen. Draußen ist es grell. Das schlägt ihm den Blick zu Boden. Ein Maikäfer liegt dort rücklings, befruchtet vermutlich und im Begriffe, sich zu nahrhafter Gallerte für die Nachkommenschaft zu zersetzen.
Tja, Liebe und Tod liegen eng beieinander, sinniert er im Weitergehen, aber Liebe und Einkaufen, da liegen die sieben Berge dazwischen.

Ob eine Hochzeit der Höhepunkt in der Beziehung zweier Menschen ist, darüber kann man von Fall zu Fall verschiedener Meinung sein. Fast immer aber ist es eine hohe Zeit der Visagisten, Haarkrümmer, Nägelversilberer, Floristen, Fotografen et cetera.

Wer heiratswillig ist, ist latent auch schon scheidungswillig.

Da schiebt eine das Fahrrad auf eine Weise den Anstieg hinan, dass allein das schon ein Scheidungsgrund wäre.

Das Ehepaar N. lebt so harmonisch miteinander, dass manchmal beide zugleich husten.

Die junge Frau klagt, dass, seit sie verheiratet sei, kein Schwein mehr mit ihr tanze.

Von ihrer adretten Art her eignet sich Frau N. bestens, die Seele eines Fertigteilhauses zu sein.

Im Vorüberspazieren am Wohnblock höre ich aus mehreren offenen Fenstern das Vormittagsprogramm von Ö-Regional, den Herzschrittmacher der bügelnden Frauen.

Sitzt eine wie eine Spinne, der Beute gewiss, im Trichter ihrer Wirkungen. Die Versuche der dummen Krabbler, sich aus der Umgarnung zu befreien, verfolgt sie ohne Teilnahme. Nach einer Weile nimmt sie sich einen vor, saugt ihm den Lebenssaft aus und stößt die leere Hülse aus dem Netz.

Wenn sich eine so geschickt verkauft, dass sie sich nach kurzer Zeit selbständig machen kann, so wird so mancher sie ob ihrer Tüchtigkeit bewundern. Wird eine hingegen öfters schwach und merkt gar nicht, wie sie ausgenützt wird, ist sie in den Augen der Öffentlichkeit eine Schlampe.

Das Blau der Kontaktlinsen war seinerzeit nicht unwesentlich am Kontakt mit ihrem späteren Ehemann beteiligt. Nun, keine zehn Jahre später, fällt mir auf, dass es schon besser zum Blau der Fliegenklatsche passt als zu dem müde zur Tür hereintrottenden Mann.

Wie hatten die Augen der Erwählten geglänzt, während ihr zukünftiger Mann, ein Bautischler, der über nichts mit so viel Gefühl und Wärme reden konnte wie über Angelegenheiten des Hausbaus, vom Bau des Hauses sprach, das sie gemeinsam errichten wollten.
Nach drei Jahren ist es so weit. Sie ziehen in das fertige Haus ein. Jetzt glänzen die Böden, wie früher die Augen geglänzt haben.

Eine schüttelt das Staubtuch auf eine Weise aus dem Fenster, als könnte es ihr gelingen, auch zukünftigen Staub herauszuschlagen und sich ein Staublosigkeitsguthaben zu erarbeiten.

Ganz habhaft wird man des Staubs in den Wohnungen schon deswegen nie, weil immer auch etwas von dem Staub dabei ist, zu dem man am Ende selber wird.

Katharsis durch einen Becher *Waschmittel mit Tiefenwirkung*.

Die Haushälterin vom Pfarrhof, eine ob ihrer Unförmigkeit den Pfarrer vor gewissen Verdächtigungen schützende Person, ein Findelkind angeblich, isst die unregelmäßig geratenen Faschingskrapfen noch im warmen Zustand weg. Nur schnell aus dem Gesichtsfeld damit, bevor sie jemand zu sehen bekommt und ihr Ruf als Köchin leidet, scheint sie sich zu sagen; die Peristaltik wird sie schon irgendwo verstauen in der Weitläufigkeit ihres Körpers.
Ja, so etwas kommt heraus, wenn ein Mann nicht aufpasst und eine Frau zu wenig überlegt, mit wem sie sich einlässt,

denken die ehrsamen Frauen und bleuen es ihren Töchtern ein, wann immer die Rede auf die bedauernswerte Person kommt. Indem die Töchter sodann, die Lehre beherzigend, der einen Gefahr ausweichen, geraten sie unwillkürlich in eine andere, ja sogar mehrere andere hinein, von denen sie ebenso verängstigt wieder wegspringen. So ergibt sich im Ganzen ein Zickzack von Ausweichbewegungen, die sie im Nachhinein als ihre Lebensläufe zu betrachten haben.

Sie als zu Haus und Garten gehörige Person, mit ihrem ganzen Trachten verheddert in den permanenten Kampf gegen Staub, Flecken und Unkraut, dürfte ihr Mann wohl nicht meinen, wenn er morgens die Hand in die andere Betthälfte hinüberstreckt, wo er auf einen aus tausend Poren dunstenden, in mühsamen Stoffwechsel eingespannten, um sein Bestehen kämpfenden Körper trifft. Der zuckt auch gleich bei der ersten Berührung zusammen und gibt durch sein Wegrücken zu verstehen, dass er nicht für erotisches Getändel missbraucht werden möchte.

Standesamtlich zugeordnet sind Frau N. drei Ehemänner; zwischendurch wohnen ihr auch welche ohne amtliche Formalitäten bei. Das Wahre hat sie bei keinem gefunden. So ist sie nach all den selbstsüchtigen und unverlässlichen menschlichen Umarmern in den späteren Jahren einem anderen, mächtigeren, ihr nie mehr von der Seite weichenden in die Arme geglitten: dem allumfassenden Weltenfrost.
Ein eifersüchtiger Ehedespot ist der. Die Kleidung, die sie trägt, nimmt Bezug auf ihn, mit hässlicher pelziger Unterwäsche fügt sie sich seinen Forderungen.

Eine Hand löst sich vom Henkel einer Teetasse und gleitet zur Seite, wo auf dem Rand des Tisches eine andere, etwas schlaffere aufruht. Welchem Geschlecht beide zuzuordnen sind, ist im Moment von geringerem Belang, als dass die sie verbindende streichelnde Gebärde sanft wirkt. Schön verloren gleitet sie über die hervortretenden Adern hin, ein paarmal auf und ab, ohne dass zu ersehen wäre, woher sie rührt und wohin sie will. Auch unter Gleichgeschlechtlichen könnte sie ihren Dienst tun. In dem Falle aber hat sie ein ältliches, nicht mehr voneinander loskommendes Pärchen miteinander verbunden.

Auf einem der Balkone über dem Parkplatz bewegt sich etwas. Es ist ein älterer Herr im Morgenmantel. Das Gewicht des Oberkörpers auf das eiserne Geländer aufstützend, schaut er von hoch oben herab. Jetzt löst sich die eine Hand vom Geländer und hebt sich zu einem Grußwinken.
Ich schaue in die Richtung, in die er winkt, und sehe gerade noch, wie unten eine junge Frau das Winken mit knappem Handheben erwidert. Sie trägt ein ihre Figur betonendes Kostüm und trippelt in einer dermaßen erotischen Gangart über den Platz, dass ich mich wundere, wie sie es nebenher schafft, den Abstand zu ihrem Wagen zu verringern.

Neben mir im Halbdunkel des Theaterparketts sitzt eine Frau, so um die vierzig. Sie lacht ziemlich oft und herzhaft, manchmal bei Dialogen, bei denen ich nicht erraten kann, was ihr witzig erscheinen mag, verfällt dann wieder in Ernst und Nachdenklichkeit, und zwar fast immer an anderen Stellen, als es bei mir der Fall ist.

Wann lachen denn eigentlich die anderen, frage ich mich, ein wenig um meine Normalität besorgt. Da habe ich es auch schon in Form einer Lachsalve um die Ohren; die Frau reißt es mit, und ich weiß wieder nicht warum.
In der Pause sehe ich sie im Foyer bei vollem Licht. Sie unterhält sich mit einer befreundeten, etwa gleichaltrigen Frau. Auch jetzt lacht sie ziemlich oft. Als es ihr einmal bei einem unkontrollierten Herausplatzen stärker das Gesicht verzieht, zieht sich in mir der Satz zusammen: *Die hat die Lachfältchen schon am rechten Fleck.*

Ein Kerl namens Karl, ehemaliger Verehrer von Edgars Frau, höchstwahrscheinlich sogar heimlicher Geliebter in Edgars Abwesenheit, sagt diesem beim Abschied, er möge auch der Frau *liebe Grüße* ausrichten; sagt es mit einem Unterton in der Stimme, dass der nicht ganz ahnungslose Ehemann heraushört, dass der Saukerl schon wieder halb drin ist in seiner Frau.
Trotzdem wird er ihr die Grüße ausrichten, sieht er es doch so gern, wie schön sie errötet, wenn er Karls Grüße bestellt. Ihre Augen beginnen zu leuchten, und wohin sollen sie sich auch wenden, wenn nicht auf ihn, den rechtmäßigen Gatten?

Zwar fühlt sich Herr N. souverän genug, es zu ertragen, dass seine Frau fremdgegangen ist, das hat für ihn sogar etwas Prickelndes. Als er aber erfährt, mit wem und wo es geschehen ist, beginnt ihn die Sache anzuwidern; er will sie nicht zu Ende hören.

Wenn eine ihren Mann in der *Eden-Bar* kennen gelernt hat, wo ein anständiger Mensch ja gar nicht hingeht, so liegt von vornherein ein Fluch auf der Verbindung. Als es dann, wie nicht anders zu erwarten, zur Scheidung kommt, erfüllt sich nur, was die Verwandten von allem Anfang an prophezeit haben, nämlich dass es mit einer Bekanntschaft aus der *Eden-Bar* nie gut gehen kann.

Frau N.s aufgeregtes Umherspringen, weg von einer unfertig liegen gelassenen Arbeit, hin zu mehreren anderen, die nach ihr zu rufen scheinen: In ihrem Garten hat es sich zur Verwunderung derer, die sie kennen, beruhigt zu in etwa gleich großen, sich nur wenig wellenden und verbiegenden Rechtecken.

Kaum fängt es an zu regnen, kriechen die Schnecken aus dem Bach, direkt auf Frau N.s Salatbeete zu. Nicht nur, dass die Frau sich über die Unverschämtheit der kleinen Schleimer ärgert, bei Regen ärgert sie sich über jeden Anlass doppelt, weshalb es ihr zu wenig erschiene, die ersten Schädlinge, die sie entdeckt, zu zerhacken und Nachbars Hühnern zu verfüttern. Sie lässt sie vorerst in einem alten Topf, mit einem Blechdeckel zugedeckt und einem Stein beschwert, ihre Absichten bereuen, bevor sie sie mit heißem Wasser überbrüht und hinter dem Haus verwesen lässt. Bei jedem Vorübergehen verspürt sie Genugtuung, dass sie die Schädlinge so konsequent und unbarmherzig vernichtet hat, besonders aber an Regentagen.

Wieder herrscht ein Aszendent, bei dem alle Griesnockerln hart werden.

Ich unterscheide zwischen U- und E-Suppen.

Das in Gläser eingelegte, fein passierte Gemüse kann man zum Abrunden verschiedener Gerichte verwenden, oder, was einfacher ist, man haut es dem dauernd nörgelnden Manne samt dem Glas nach.

Das Haltgebende an einer Familie ist der gute Ton. An ihm schwächen sich die zu heftigen Temperamente ab, vor seiner Instanz verstummen die auf mehreren Zungen liegenden Vorwürfe; er verbittet sich, die in der Luft liegende gegenseitige Verdächtigungen auszusprechen und dass einzelne Teile der Familie zueinander *persönlich werden.*

Die Hausfrau langt nach dem auf dem Geschirrschrank thronenden Osterhasen, zupft ihm das Blendwerk der Goldfolie vom Körper, dessen Schokoladeschicht sie sodann zerdrückt, keineswegs in destruktiver Absicht, vielmehr mit erwartungsfroher Miene, denn es geht ab damit in Richtung Tortenglasur, wo der Hase sich noch einmal beteiligen kann an der schönen Geste des Freudebereitens. In dem Falle wird er aufgeschmolzen werden auf die Geburtstagstorte für den Hausherrn.

Als der alte Knauserer die unheimlich günstigen Blumensträuße beim *Hofer* sieht, fällt ihm ein, dass auch er seine Frau liebt.

Mehrere Frauen hintereinander zu haben, toleriert man inzwischen auch auf dem Lande. Immerhin entspricht das der Struktur des Denkens und Redens, wo ja immer eins schön hinter dem anderen kommt.
Als unmoralisch gilt aber nach wie vor, dass ein Mann mehrere Frauen nebeneinander hat, schon weil er das selber nicht schafft: zeitlich, gedanklich, finanziell – geschweige denn, dass man darüber reden könnte.

Eine meiner Kolleginnen ist vierzig geworden. Es scheint für sie das Zeitalter der Duftlampen anzubrechen, weil gleich drei davon aus den Geschenkpapieren ausgewickelt werden und eine Art Phalanx bilden. Noch sehe ich nicht, wogegen sie Aufstellung bezieht, aber ich werde sie in der nächsten Zeit beobachten, werde die sich ändernden Umstände der Kollegin in Verbindung bringen mit diesen Versuchen, sie durch Düfte zu ersetzen.

Ein optisch weniger gelungener Herr: Zwischen Nase und Mund hat er ein borstiges, an einen Schuhabstreifer erinnerndes Bartbeet angelegt, in welchem er seine sorgsam gepflegte Männlichkeit zur Schau stellt.

Geht einer zielstrebigen Schrittes dahin, den Leib vorgewölbt, oben geschäftlich vorausdenkend und zusätzlich rauchend, weshalb er im Augenblick mit sich nicht unzufrieden ist.

Herr N. scheint zu spüren, dass sein Gesicht ohne Zigarette leer wäre.

Das durch Reinigungsmilch, Rasierwasser und Schutzcreme gepflegte Gesicht des Dressman ist zugleich auch das Gesicht dieser Pflegemittel.

Manches Lob gleicht einem beschönigenden Gemälde auf einem ansonst unschönen Bau. Es deckt an der entsprechenden Stelle die Wirklichkeit gnädig zu.

Neurosen sind misslungene Stellen im Bild, das einer sich von sich selber macht.

Ein Mann, von seinem Wesen her wie dazu gemacht, durchhängende Tischtennisnetze zu spannen und Sardinendosen zu öffnen.

Wieder hat einer aufgehört, das Laub aus dem Rasen zu rechen. Und es herrscht eine große Trauer. Emil hat er geheißen. Viel mehr lässt sich über ihn nicht sagen.

Prokurist N., der seine Dokumente zeitlebens in peinlicher Ordnung gehalten hat, will beizeiten alle für seinen Abgang relevanten Angelegenheiten in Ordnung bringen. Dann kann ihm der Tod nichts mehr anhaben, denn die Ordnung, die sein Leben war, wird inmitten des Vergehens bestehen bleiben. Als er die Schriftstücke nummerieren will, fehlt plötzlich eines, das wichtigste sogar: die Geburtsurkunde. Weg ist sie, irgendwo verlegt! Soll er diese an sich bisher nie gekannte Schlamperei noch als etwas zu ihm Gehöriges verstehen, oder ist es schon das Nichts, das den Fuß in die Türe schiebt, indem es seine, des Prokuristen N., Geburt in Frage stellt?

Zwischen den abgeernteten Feldern schiebt sich eines der ältlichen Pärchen dahin, wie sie so gut auf die schlaff durchhängenden Feldwege passen. Größeres neben kleinerem Mantelviereck, rücken sie kaum merkbar auf dem mit Pfützen durchsetzten hellen Streifen neben dem Bahndamm vorwärts. Jetzt biegt sie das Bächlein mitsamt dem hellen Streifen rechtwinklig von der Bahnlinie weg. Wasserlachen erzwingen ein melancholisch stimmendes Auseinanderweichen, woraufhin ein paar anders gelagerte Wasserzungen, die in Länge und Umriss wechseln, das Paar so nahe zusammenrücken, wie es eigentlich sein sollte.

Am schmierigen Tisch der Bahnhofsrestauration, an dem ich soeben ein Paar Frankfurter verdrückt habe, nimmt einer mir vis-à-vis Platz. Er kann sich keinen Reim darauf machen, was die vor ihm in die Luft geschmissenen Runenstäbe von Augen, Nase und Mund bedeuten mögen. Vorsichtig beginnt er dazwischen hineinzureden.

Einer, der an einem Sommertag in einer Winterjacke dasitzt und sich an keiner der jahreszeitlich bedingten Beschäftigungen beteiligt, legt damit dar, dass er von der Jahreszeit, die anderen bereits zum Hals heraushängt, noch immer nichts begriffen hat. Der macht ja gar keine Anstalten, etwas davon zu begreifen, den lässt sogar die Sommerhitze kalt.
So einer scheint zu allem fähig zu sein. Zumindest trägt er zur Atmosphäre der Unheimlichkeit bei, die in dem weitläufigen, fast leeren Lokal herrscht.

Es gilt, die Güte in die Miene und den Tonfall zu bringen; nur dort zählt sie.

Naturgemäß zählen nicht Gefühle, sondern Zahlen.

Morgens rapple ich mich dunstenden Leibes auf, tappe, wie ein Pferd furzend, ins Badezimmer, wo ich mich dusche und mit blumigen Gerüchen aufspritze, damit niemand auf den Gedanken verfällt, dass ich auf niedrig animalischer Basis funktioniere.

Ich habe die Gewohnheit, nach dem Heimkommen Mantel und Sakko an einen der Garderobehaken zu hängen anstatt, wie von der Gattin empfohlen, auf einen der Kleiderbügel. Gewiss, sie versteht von Kleiderpflege mehr als ich. In meinem Sakko beginnt sich unterhalb des Kragens auch schon ein Höcker nach hinten auszubuchten, sodass meine Seitenansicht mehr und mehr kamelartige Züge annimmt.

Zusätzlich bildet sich nämlich an der Rückseite des Halses ein Talgknoten. Ich könnte ihn mir ja operativ entfernen lassen, legt mir die Gattin nahe.
Schneider-Ästhetik!, rüffle ich zurück, in beiden Fällen die Natürlichkeit der Höcker verteidigend.

Ich sitze im Führerhaus eines Speditionswagens und werde mir durch das Helfen bei einer Übersiedlung meines Geschlechts, das ja zum Helfen verpflichtet, bewusst. Hinten auf der Ladefläche wackeln die Möbel einer Cousine. Mit ihren scheuernden, greinenden, dumpf rumpelnden Geräuschen künden sie von meiner Helfernatur.

In der Kolonne der entgegenkommenden Fahrzeuge hebt sich eine Hand zum Gruß. Es blendet, ich sehe das dazugehörige Gesicht nicht. Trotzdem habe ich ihn erkannt, den Schorsch: am alten Opel.

Wieder einer dieser Tage, an denen ich meine Gutartigkeit nicht anders darlegen kann, als vor dem Einbiegen besonders früh zu blinken.

Ich habe beim Eintreten in den Versammlungsraum nicht *Grüßgott* gesagt und bin also so gut wie nicht da. Man redet durch mich hindurch, an mir vorbei, über meinen Kopf hinweg. Die Versammlung ist sich einig, ohne dass sie sich für meine Meinung interessiert. Wenn man mich mittrinken und mitatmen lässt, so nur auf eine Weise, dass nichts davon abhängt. Als mir schließlich meine Nichtexistenz unangenehm wird und ich gehe, bleibt jeder mit dem Blick dort, wo er gerade ist.

Es tut wohl, wenn einer im Brustton der Überzeugung feststellt, man sei im Grunde ein gutmütiger, anständiger, achtenswerter et cetera Mensch. Mit dieser Anerkennung hat man für eine Weile Boden unter den Füßen. Von einem Wort auf das andere kann der aber wieder weich werden, und man ist geneigt, die von höherer Stelle in Aussicht gestellte Anerkennung anzunehmen.

Stillschweigend verdrücke ich mich aus einer Gesellschaft in die Nacht hinaus. Nein, Nacht ist das keine, unförmige Haufen an Schwärze und Kälte fallen über mich her.

Ich gehe allein unter dem bleichen Herbstmond durch die Felder. Meine Angelegenheiten habe ich ihm, dem großen Schweiger, anvertraut, und nun kommen sie, zu dünnem Licht versponnen, zu mir zurück: als Herbststimmung.

Einer der letzten schönen Tage, wie es sie unverdienterweise schon sieben, acht gegeben hat, ein jeder ohne merkbare Temperatur. Mildes Licht liegt über dem geradeaus laufenden Tal. Lautlos läuft das Auto. Auf einer Erlengruppe am Fluss sind kleine Nebelschlieren aufgespießt. Man ist geneigt, sie *silbern* zu nennen. Auf der Rückbank sagt ein Kind ganz leidlich die Siebener-Reihe auf.

Verwandte aus der Stadt sind gekommen. Als Letzter zwängt sich der etwa dreijährige Sohn zwischen vorgeklapptem Fahrersitz und Türrahmen aus dem Auto. Ziemlich finster schaut er aus der Überfütterung in die Kleinortschaft, die nicht viel zu bieten hat. Nur ein paar Burschen ballern unten auf der Tratte gegen die Mauer des leer stehenden Schulgebäudes. Das ist zwar nichts Besonderes, aber er will sich das einmal aus der Nähe ansehen.
Wie ein Alter geht er. In den Knitterungen der Hose, deren sich verwerfende Tektonik die Erwachsenen aufmerksam studieren, während er die Straße hinabgeht, lesen sie, dass da keinerlei Respekt vor dem Landleben herrscht.

Kommt einer in einem Automobil aus der Zeit daher, als das Fahren jeden Moment mit Aufprall und Explosion enden konnte. Die Hände klammern sich am Volant fest, der Blick ist voll des Wissens darum, wie viele schon auf den Straßen ihr Leben gelassen haben, wie viele Frauen zu Witwen und Kinder zu Waisen geworden sind, wie viele zu Krüppeln, besonders im Herbst, wie jetzt, wo glitschige Blätter auf der Fahrbahn liegen können.
Soeben hat er eine Kurve recht ordentlich durchfahren und blickt kämpferisch einer Geraden entgegen. Obwohl er aufatmen könnte, wird er keineswegs übermütig und gibt nur aus fahrtechnischen Gründen ab dem Kurvenscheitel etwas Gas. Eigentlich müsste er ja nach jeder gelungenen Radumdrehung stehen bleiben, um Gott für die Verschonung vor all dem drohenden Unheil zu danken.

Hinter dem Schulhaus rauchen zwei Gymnasiastinnen. Die eine kenne ich, will heißen, ihr Elternhaus, das für die Sippe typische fliehende Kinn, den bleichen, rötlichen

Teint, darüber das Dach eines gekrausten, hexenhaft auseinander gebürsteten Haares. Dies und anderes ist ihr aus allen Teilen der Verwandtschaft in planlosem Durcheinander nachgeschmissen worden, und sie soll nun zusehen, wie sie damit zurechtkommt.

Wenn auf einem der Bergbauernhöfe eine Frau sich aufgibt und nur noch fragt, was der Hof zu seinem Gedeihen benötigt, welchen Dienst er im jeweiligen Augenblick von ihr erwartet, so lange, bis das Ende der Kräfte von sich aus dem Einhalt gebietet, so zeigt sich der Hof durch seinen Sprecher, den Präsidenten der Landwirtschaftskammer, am Ende doch dankbar für die Aufopferung, etwa in Form einer Ehrenurkunde für vierzig Jahre Treue zu ihm. Und er tut gut daran, besonders das Ausgezehrte und Abgeschundene als vorbildlich zu loben. Denn während sich die weniger Opferbereiten den Belangen des Hofes entzogen haben, haben sich an der Stelle der *verdienten Landarbeiterin* die Strukturen von Stall und Feld über ihre engeren Grenzen hinaus in den Bereich des Menschlichen vorgeschoben.
Und an ebendieser Stelle tritt der Präsident der Landwirtschaftskammer auf, eine ganz zu Ehrenanlässen passende Persönlichkeit, die sich nun die nächste Urkunde reichen lässt, sie ins Publikum zeigt und hierauf in die großen, mit Gichtknoten verunzierten Hände der Landarbeiterin drückt.
Vom Applaus verwirrt, hinkt diese die Stufen hinunter, an ihren Platz zurück, erleichtert, dass somit auch das überstanden ist.

Ich fürchte zwar, gute Frau, dass dir kein Gras mehr wachsen wird, aber hab Vertrauen: In jeder Bezirksstadt gibt es ein Krankenhaus. Dort wird, was man den *Lauf der Dinge* nennt, durch geschultes Personal zu einem ordnungsgemäßen Abschluss gebracht, sodass du, was immer mit dir geschehen mag, auf den Wegen des Rechtlichen und Nachvollziehbaren bleiben wirst.

Was man in der Agrargesellschaft unter Heimat- und Bodenverbundenheit versteht, tritt in der Industriegesellschaft dergestalt zutage, dass einer auto- und biermäßig bei seiner Marke bleibt, staubsaugerisch seine Zugehörigkeit hat, seine Bank und Versicherung nicht ohne schwerwiegende Gründe wechselt und froh darüber ist, der richtigen Partei anzugehören.
Am Ende wird er als treuer, heimatverbundener Mensch von derselben Zeremonienfirma verabschiedet, die ihn seinerzeit in aller Form begrüßt hat.

Seit je hält das Land Tugenden wie Ehre, Fleiß, Mannesmut, Treue und Bodenverbundenheit mit mehr Nachdruck aufrecht als die Einzelexistenzen seiner Bewohner. Als zum Beispiel mein Vater sein Leben beendet hat, ergreift stellvertretend für das Land ein Funktionär des Bauernbunds das Wort und geht daran, mithilfe des allgemein geschätzten Mannes das Ansehen seines Vereins aufzupolieren. Zu diesem Zwecke bringt er den in Schweiß und Dreck stecken gebliebenen Bergbauern ehrenmäßig dermaßen auf Vordermann, dass jeder, der nur ein Fünkchen Sinn für Ehre und Stolz hat, gerührt von Vaters Ehrenhaftigkeit und zugleich der des Bauernbunds dasteht.

Zu seinen Lebzeiten freilich hat sich keiner der Bauernbundfunktionäre je um Vaters Existenzkampf gekümmert. Jetzt schicken sie ihm einen Schönredner ans Grab, und es ist eine Traurigkeit eigener Art, dass der Mann, der nichts so sehr gehasst hat wie Schönrederei, zu übler Letzt sich nicht mehr dagegen wehren kann.

Sparsamkeit ist stilbildend. Gern nehmen auch begüterte Zeitgenossen Zuflucht zur Ästhetik des geringsten Aufwands, zumal sich vor dieser Instanz eindeutig entscheiden lässt, ob einer klug oder weniger klug gehandelt hat.
Ein anderes Prinzip, von dem man Sicherheit herleiten kann, ist das der Genauigkeit. Da weiß einer nicht, wie er zu seinem Kollegen steht, und gibt ihm auf den Cent genau zurück, was er ihm schuldet, und weil er aus den Augen verloren hat, wer er eigentlich ist, was er will und worauf seine Arbeit hinausläuft, legt er besonderes Augenmerk darauf, bei allen Terminen pünktlich zu sein und dass er auch die Endsilben längerer Wörter deutlich ausspricht.

Nichts wirkt hoffnungsloser als die vor Sauberkeit blinkenden, geschmackvoll eingerichteten Häuser, in denen kein Bild schief hängt und die Vorhänge zu gleichmäßigen Wellen gerafft sind. Dürfte man sich nämlich angesichts von Schmutz und Unordnung noch der Hoffnung hingeben, das Unbehagen ließe sich bereinigen, indem man das Haus vom Keller bis zum Dachboden einer gründlichen Reinigung unterzieht, so sieht man nach dem Hausputz nicht mehr, wie man dem erneut aufkommenden Unbehagen zu Leibe rücken könnte.

Wenn Schüler eingeladen werden, Bilder zum Thema *Wasser* zu malen, so erreichen sie vom Wasser erst einmal den Obmann der Wassergenossenschaft, der die Idee gehabt hat, die Kinder auf die Wichtigkeit des Wassers – und somit auch des Genossenschaftsobmannes – hinzuweisen. Sie, die Kinder, probieren hierauf mit den ihnen zur Verfügung stehenden Mitteln, so da wären: Pinsel, Deckfarben, Wasser und Zeichenpapier, an das zur Diskussion stehende Thema heranzukommen, indem sie die ihnen bekannten Wassereffekte anwenden: das mit Deckweiß aufgehellte Blau, das sie in welligem Pinselstrich auftragen. Über solche Wasserandeutungen kommen sie leider nicht hinaus. Trotzdem freut sich der Obmann über alle und staunt, wie gut sie das Wesen des Wassers erfasst hätten.

Ob Schokolade bei Durchfall das Richtige sei oder das Verkehrteste, wie eine Schulmedizinerin, gegen die Hildegard-Medizin Stellung beziehend, meint, darüber gehen die Meinungen im erweiterten Familienrat, zuzüglich der telefonisch befragten Dorfhelferin, die zu Brennsuppe rät, auseinander und ufern allmählich ins Weltanschauliche aus. Beantwortet wird die Frage aber auf unmissverständliche Weise durch den über alle Ideologien erhabenen Popo des kleinen Vivian, der, nachdem man ihm ein Stück Schokolade verabreicht hat, es bald wieder gewaltig krachen lässt und so für klare weltanschauliche Verhältnisse in der Familie sorgt.

Während der Onkel mit der Tortenzange wauend nach den Waden des kleinen Vivian schnappt, forschen seine Blicke im Gesicht des Buben nach Veränderungen, weil sich dort zeigen wird, ob der Onkel gut gewaut hat oder ob sein Tortenzangenhund danebengesprungen ist.

Die Geburtstagstorte für den Hausherrn besteht nur zum kleineren Teil aus selbst gemahlenem Dinkelmehl und diversen Zutaten, zum größeren aus Schuldigkeit und Devotion.

Ehrlich an Verstopfung leidender Hausdespot, das Gesicht geht sehr sensibel mit dem Darmgeschehen mit, ziemlich schief hängt er heute im Anzug.

Eigentlich müsste er Josef heißen, so gut passt er in dieses dem Nährvater Jesu geweihte Land. In Wirklichkeit heißt er aber Günter – ohne h wohlgemerkt, das scheint ihm das Wichtigste an seiner Person zu sein. *Günter ohne h*, höre ich ihn nun schon zum wiederholten Male sagen.

Als der Extrembergsteiger N., der den Winter über durch gezielte Ernährung, Training in der Kraftkammer und Studium der Literatur betreffend die Wand, die er im Sommer in Angriff nehmen will, sich vorbereitet hat und tatsächlich nach achtundvierzigstündigem Alleingang vor laufender Kamera den letzten Überhang vor dem Gipfel überwunden hat, keucht er wie aus einem Erdloch, vier-, fünfmal. Dann lässt er die Luft über die Stimmbänder streichen, und man hört den ersten menschlichen Laut: *Soda!*

Eine Videosequenz, aufgenommen im Zuge einer Durchquerung einer nordamerikanischen Wüste. In der flimmernden Hitze staubt ein Reiter daher. Als er den Mann mit der Kamera bemerkt, biegt er ab und verschwindet hinter ein paar Felsen.

Wie Recht er doch hat, dass er sich weigert, in die Ebene hereinzureiten, in der er nichts anderes wäre als ein *Indio mit pechschwarzem Haar.*

Mein Personengedächtnis lässt ziemlich nach. Wird schon seine Gründe haben. An seiner Stelle hat sich ein Formengedächtnis gebildet.
Ich stelle dies fest, nachdem einer an meinem Fenster vorübergegangen ist, dessen Namen ich mir nicht eingeprägt habe, wohl aber seinen Habitus und Gang: Ein Barbar im Körpervortrag, holpert er mit Sense und Rechen bewaffnet über den Platz, Typ eines Sturmbannführers, nur dass ihm derzeit der Boden unter den Füßen entzogen ist.

Bart und Bauch voran schiebt sich einer aus dem *Bürgerbräu* ins Freie. Hätte unter anderen Umständen ein Andreas Hofer werden können, hat sich aber, weil weder Franzos noch ein ordentlich Gebirg vorhanden ist, versoffen und stiert jetzt aus feindseligen Augen ins ruhmlose Geschehen.

Der bucklige Kleine, die Nase schief gedrückt, als ob die Fußtritte der allgemeinen Geringschätzung ihn mitten ins Gesicht getroffen hätten, zündet sich auf der Kirchgasse eine Zigarette an. Da bemerkt er, dass sich einer an seine Seite gestellt hat, ein ziemlich Langer. Über ihn hinaufschauend, verfinstert sich die Miene des Kleinwüchsigen wie bei einem Vorwurf, den er nicht entkräften kann.

Der junge noch vom Studium bleiche Turnusarzt, der, wie im Gemeindeblatt zu lesen war, sein Studium in Bestzeit abgeschlossen hat, lässt sich beim Kirchtag in seiner Heimatgemeinde sehen, an seiner Seite schon die wohlverdiente Schöne, die vollauf mit Blondsein und rankem Wuchs beschäftigt ist, für irgendwelche Ausbuchtungen reicht es nicht mehr. Ihre Blicke sind Kontrollblicke; in gewissen Abständen schönt sie den Doktor an.

An die tausend Euro dürften es sein, die den achtzehnjährigen N. N. noch von seinem ersten Auto trennen, mit dem er dann jedes beliebige Ziel erreichen kann, soweit es in der geographischen Ebene liegt. In Zeiteinheiten ausgedrückt sind es etwa vier Wochen, also eine begrenzte, spürbar kleiner werdende Anzahl von Sekunden. Malerarbeit übrigens. Zwischen den gleichartigen, etwa sekundenlangen Pinselstrichen schaut er öfters durch auf den Wagen, der schon jetzt in höherem Maße zu ihm gehört als die Routinearbeiten, die seine Hände gerade verrichten.

Ummantelt mit soliden Stoffen, die in ihrer uneitlen, betont gemäßigten Art wohl schon mehrere Jahrzehnte dem Unbill der hiesigen Wetterlaunen als schützende Schilde entgegengehalten worden sind, tritt der Heimatdichter aus dem Hause. Dem Betrachter eine Weile den Rücken zuwendend, hantiert er am Schloss des Haustores, steckt hierauf, zu voller Größe aufgerichtet, den Schlüssel in die Tasche des Überziehers und steigt, in jeder Faser Maß und Besonnenheit, die Stufen herab.
Oh, ein Paket trägt er heute unter dem Arm! Was mag das zu bedeuten haben? Naht sich vielleicht ein im Brauchtum verankerter Geschenksanlass?

Die Miene bleibt verschlossen.
Ich hätte das Auftreten des mit der Umgebung bestens abgestimmten Mannes aber nicht weiter beachtet, wenn nicht sein Gang, charakterisiert durch leicht vorgewinkelte Knie, jäh geruckt hätte und gleich darauf zum Stillstand gekommen wäre. So steht er denn mitten auf dem Gehsteig still, in der Miene alle Leiden eines ob des Niedergangs von Sitte und Moral besorgten Denkers.
Er scheint etwas vergessen zu haben, denn er dreht sich um. Leider kann ich nicht warten, bis er wieder aus dem Haus kommt. Es wäre ja auch zu einfach für mich: Ich brauchte nur aufzuschreiben, was ich der Reihe nach zu sehen bekomme, und ich hätte Literatur in ausgereifter Form.

Auch die Vernünftigen brauchen, um ihren Anspruch auf Universalität zu dokumentieren, ihre Verrücktheiten, etwa ein Knödelwettessen. Ein Schilehrer hat es mit siebzehn Knödeln in zwanzig Minuten gewonnen. Er muss sich zwar unter Übelkeit aufs Zimmer zurückziehen, am nächsten Morgen steht er aber wieder lachend vor seiner Gruppe, ein Genius Loci. Für ein paar Tage hat er die Gegend vor Gesichtslosigkeit bewahrt.

Mit einer Intensität, mit der sie früher über politische Entwicklungen gesprochen hatten, reden die Alten über ihre Körperunbilden, das Naturgeschehen, das sie aus nächster Nähe kennen, das Heraufziehen von Wetter- und Zustandsverschlechterungen, für die es, weil sie politisch und wirtschaftlich ohne Belang sind, keine eigenen Bezeichnungen gibt. Die mit einer falschen Bewegung akut gewordenen

Bandscheibenschmerzen seines Nachbarn beispielsweise kennt Herr N. schon lange, kannte sie von den eigenen Bandscheiben her, bevor der Leidensgenosse überhaupt wusste, was Bandscheiben sind. Den einen Tag verhalten sie sich nicht wie den anderen. Obwohl sie vermutlich bei jedem auf andere Weise an- und abschwellen, wird man nicht müde, sie zu vergleichen, wird nicht überdrüssig, in sie hineinzuhorchen, was sich in ihnen ankündigen mag.

Triebhaft scharren die zu Haus und Garten gehörigen Frauen im eigenen Boden, setzen Pflänzchen ein, streuen Dünger um die dauernd zu verwelken drohenden Büsche, karren in stummer Entschlossenheit Mist und Urgesteinsmehl herbei, die Söhne hört man drüben auf der buckeligen Tratte, wie sie mit ihren Motocrossmaschinen das Gelände durchfurchen.
Nur ich sitze an diesem prächtigen Tag untätig vor dem Haus und lasse mir die Landschaft in den Leib fahren.

In dem einen Sommer, als alle Hausgärten von der Schneckenplage heimgesucht werden, ohne dass das allmorgendliche Einsammeln und Verbrühen der Schädlinge den Angriff nennenswert hemmen könnte, werden die *Indischen Laufenten* zu Heroinnen, weil sie sich von diesen ekeligen Gartenfeinden ernähren.
Ein findiger Nachbar hat zwei davon aus Niederösterreich mitgebracht und ihnen eine gebührend stattliche Residenz in seinem Garten gezimmert. Die vorüberspazierenden Frauen bleiben öfters am Zaun stehen, um die zwei Persönlichkeiten zu bewundern: wie sie watscheln, welch eigenartig geformte Schnäbel sie haben.

Gut getarnt im Geröll der verwinkelten, mit Erkern besetzten Häuser, hinter zur Seite geschobenen Vorhängen, neben Baumstämmen und Ziersträuchern herausblinzelnd, ihre Leiber voll lähmenden Gifts, lauern die Tugendtaranteln auf Beute, irgendein ahnungsloses Wesen, das unbekümmert des Weges geht. Gehen möchte! Denn da schnellen sie aus dem Geröll hervor, den Stachel eines vernichtenden Urteils von hinten über den Kopf nach vorne schleudernd, um vibrierend vor Eifer das lähmende Gift in die Beute hineinzupumpen.

Mit unmöglich langen, hoch auffersenden Schritten kommt die Aufregung in Person zwischen den Häusern herab, den Leib von ihr verwunden, die Augen von ihr geweitet.

Der immer glatt rasierte, zu jedermann höfliche Metzger, der dem Aussehen wie auch den Umgangsformen nach der Präfekt eines Priesterseminars sein könnte, zerrt eines Morgens gemeinsam mit dem Bauer Loidl das Kalb an seiner Mutter vorbei hinaus in den Keller, wo sie es gemeinsam seines hoffnungsfroh hinaufgelebten Fleisches berauben und ihm die Gebeine zerschlagen. Hierauf verteilen sie es an die Nachbarn Permoser, Fradl und Käfer.

Nachdem beim Nachbarn schon zweimal das Auto vom Metzger vorgefahren ist, um Schlachtvieh abzuholen, sehe ich schwarz für die alte Nachbarin, die gerade in den Rettungswagen hineingeschoben wird.

So manches, was sich in der Umgebung zuträgt, wird erst dadurch erträglich, dass man es durch den geistlichen Herrn filtert. Wenn es aus ihm wieder herauskommt, hat es bereits Hand und Fuß und fügt sich in die herrschende Ordnung.

Dechant B., ein passionierter Botaniker, betet die Sträucher seines weitläufigen Gartens alle mit ihren lateinischen Bezeichnungen herunter. Man wundert sich nur, dass die Bienen keinerlei Schwierigkeiten mit den lateinischen Gewächsen haben.

Nach Allerheiligen trocknen die Pfützen in den Radspuren des Feldwegs nie mehr ganz aus. Zwei Frauen dürften es sein, die da langsam darauf sich vom Dorf wegbewegen. Die wuchtigere zeichnet eine unruhige, sich wellende Spur entlang des Wegrands, die andere schiebt sich ziemlich geradeaus in der Wegmitte vorwärts.
Als ich eine Weile später wieder aus dem Fenster schaue, haben beide Regenschirme aufgespannt. Obwohl man an einem so trüben Tag nicht mit Sicherheit feststellen kann, ob sie zu Recht aufgespannt sind, ist man aufgrund der vernünftigen Art, wie sich die beiden bewegen, geneigt, dies anzunehmen.

Den neuen Regenschirm, den Frau N. in Brüssel gesehen und als Weihnachtsgeschenk für ihren Mann mitgebracht hat, ein für ihn fast zu nobles Herrenattribut englischer Machart, spannt er nicht bei einem gewöhnlichen Landregen auf. Da tut es der alte noch immer. Es sähe ja auch übertrieben aus, so einem nichtssagenden Nieseln eine mit so viel Sinn für Tradition hergestellte Kuppel entgegenzuwölben. Jedenfalls hat es noch nie eine Witterung gegeben, die den Mann so weit gebracht hätte, dass er dieses Dach gegen sie aufspannt. Und doch erfüllt es seinen Sinn und beschirmt ihn.

Das Schlimmste am Sterben habe er bereits hinter sich, erklärt mir Herr N.: den Tod seiner geliebten Frau, dazu gewisse Enttäuschungen, über die zu sprechen er einzig mit seiner Frau in der Lage gewesen wäre. Jetzt warte er nur noch auf die Erleichterung.

Wenn man bedenkt, wie viele der lebhaft gekleideten Damen und Herren geistig bereits dahingegangen sind und nur noch das Grab ihrer ehemaligen Lebendigkeit mit Lebensbäumen verzieren, mit einfallsreichen Krawatten, urigen Hosenträgern und aufrührerischen Frisuren, so wird man sich auch einmal fragen: Wie präsentiert sich so ein Herr nach dem Abtritt aus der Gesellschaft?
In einem Fall habe ich mir die letzte Repräsentationsstätte näher angesehen. Die Stelle, an der der kontaktfreudige Mann nun auf Besuch wartet, ist leicht zu finden. Denn wie zu Lebzeiten sein Domizil die umliegenden Häuser in den Schatten gestellt hat, so dominiert nun der prächtig schwarze Marmor mit seinem weithin lesbaren Namen die bescheidenen, teilweise vernachlässigten Unterschlupfe der Mittoten. Nach oben hin ist die steinerne Selbstbehauptung dachförmig abgeschlossen, unten auf dem beengten Boden, wo die Familien der Pfarre noch einmal um die günstigsten Plätze drängeln, umgrenzen schmale Granitquader das sonnig

gelegene Grundstück. Die davon umschlossene Steinplatte lässt an einen Tisch denken, nur dass statt Cognac, Knabbergebäck und Aschenbecher eine Schale Weihwasser angeboten wird.

Schon seit seinem Eintritt in den Staatsdienst denkt Herr N. mehr an die Zeit nach der Pension als an seine momentanen Bedürfnisse, weshalb er bereits von seinen schmalen Anfangsbezügen allmonatlich eine Prämie für eine Zusatzpension auf die Seite legt. Wenn er bis dahin sich auch einige Annehmlichkeiten versagen muss, so schmerzt ihn das keineswegs. Stets sieht man ihn mit einem feinen, wissenden Lächeln, wenn er, vor die Wahl zwischen mehrere Produkte gestellt, sich für eines aus der mittleren oder unteren Preiskategorie entscheidet. Auch bewahrt ihn sein asketischer Lebensstil vor Wohlstandskrankheiten und Übergewicht, sodass das Denken an die Zeit jenseits der sechzig schon in der Zeit davor seine Früchte trägt.
Aber, was ist das? Während er sich bereits vergegenwärtigt, welche Reisen und Annehmlichkeiten er sich demnächst gönnen wird, und sie im Geiste sogar in höherem Grad genießt, als sie in der Realität möglich sein dürften, da krampft sich etwas zusammen, ein Riss durchfährt seine Brust: Es ist das Herz, das unvernünftigste aller Organe. Zweimal zuckt es noch, dann steht es still, stur wie ein Esel. Für immer!

Die Familie ist erschüttert. In der Todesanzeige liest man – wie wahr! – von einem *zu frühen Hinscheiden*, und in die sonst so sanfte ortsübliche Trauer mischt sich in dem Fall etwas, was die Trauerredner nicht zu mildern vermögen: der Beigeschmack einer nicht aufgegangenen Rechnung.

In der vom Architekten einfühlsam gestalteten Halle, in der man, selbst wenn sie leer ist, von leiser Trauer ergriffen wird, liegt wieder eine, tot und vorbei, obwohl sie sich erst in der Lebensmitte gewähnt hatte.
Abends kommen neben den Angehörigen und älteren Beterinnen auch ihre Altersgenossinnen zum Rosenkranz. Eine fällt dadurch auf, wie affektiert sie das Tannenzweiglein ergreift, um Weihwasser gegen den Sarg hin zu sprengen, an dessen Fußende ihr aus einem Foto heraus ihre Schulfreundin entgegenlacht. Erleichtert, dass nicht sie drangekommen ist, zwängt sie sich aus der Halle.
Schwarz steht der Davontrippelnden ausgezeichnet. Schon lange hat sie etwas aus dem Black Shop haben wollen und es sich beim letzten Bummel in der Landeshauptstadt unter Hinweis auf die anstehenden Trauerfälle zugelegt. Nun erfüllt es erstmals seinen traurigen Dienst. Mit seinem raffinierten körperbetonten Schnitt wird es wohl auch darüber hinaus noch einiges an Wirkung tun. Zwei auf die Halle zukommenden Männern verschlägt es bereits die Trauer.

Hinter dem Sarg, in dem man die junge lebenslustige Frau weiß, schreitet allein und mit hartem Schritt der Seelenmeister. Glich sie zu Lebzeiten einem unbekümmert umherspringenden Fohlen, so hat ihr nunmehr der Fuhrmann das Zaumzeug angelegt und lehrt sie den im Totenreich üblichen Schritt. Noch reißt sie an der Kandare, noch bäumt sie sich auf angesichts des hoch aufgeschütteten Erdhaufens, dem der düstere Zug gleichmäßigen Schrittes sich nähert. Aber der Fuhrmann hält sie straff am Zügel und lenkt sie auf das Portal zu, das aus dieser Welt hinausführt.

Obwohl es am Haus und ringsherum viel zu tun gäbe, hat sich der Mann absentiert, ins Jenseits hinüber, mithilfe des Schussapparats, mit dem er im Dezember das Schwein zu erledigen pflegt. Ohne jeden Grund hat er seine Frau verlassen! Das wird sie ihm nicht so bald verzeihen.
Weil er – ja er macht es sich leicht! An den schönsten Werktagen liegt er, seither auf seinem Lieblingsplatz hinter dem Tisch, schaut zu, wie sie sich abrackert, und macht noch seine blöden Bemerkungen. Natürlich rüffelt sie ein paarmal in den Winkel hinein, so zünftig, dass er normalerweise nicht mehr ruhig liegen bliebe. Aber das ist eben das Ungute an der neuen Situation: Er lässt sich nicht mehr zusammenstauchen; immer behält er das letzte Wort.

Seit der Mann auf dem Friedhof liegt, geht die Frau jeden Morgen zur Messe. Nachher besucht sie ihn am Grabe. Manchmal bringt sie in der Einkaufstasche in Zeitungspapier eingeschlagene Gerbera mit.
Ich weiß, du magst sie nicht, murmelt sie nicht ohne Bitternis über sein Unverständnis, unter dem sie lange genug gelitten hatte. *Aber du kennst die Leute, wie sie gleich reden, wenn die Blumen nicht frisch sind ...*
Dann gesteht sie ihm, wie sehr er ihr abgehe: besonders bei den schweren Arbeiten, beim Kompostieren, bei den tropfenden Hähnen; mehrmals am Tage müsse sie an ihn denken.
Lange tätschelt sie am Grabhügel, schaut, dass er genug Weihwasser hat, und redet nebenher auf ihn ein. Er ist halt noch schweigsamer geworden. Sonst ist das Verhältnis jetzt wirklich harmonisch.

Einen Teil ihrer Lebenszeit vertun die Leute damit, dass sie auf- und zusperren: die Holzhütte, die Garage, das Fahrrad, die Dokumentenmappe, das Haustor, den Briefkasten ...
Was sie dabei an Zeit verlieren, versuchen sie durch Kurvenschneiden wieder hereinzubringen.

In ihren besten Tagen soll Frau N. eine sehr temperamentvolle, aufgeschlossene, reisefreudige Person gewesen sein. Etwas davon ist ihr bis über sechzig hinaus geblieben. Man sieht es noch, wenn sie das Haustor zusperrt. Energisch dreht sie den Schlüssel zweimal im Schloss um und noch eine halbe Drehung weiter, bis sie vom Metall zurückgewiesen wird.
Die Zurückweisung hat etwas Trauriges an sich. Man würde der Frau ein Schloss wünschen, bei dem sie dreimal und öfter umdrehen kann.

In den Wohnblöcken werden die Lebensformalitäten so fahrig, so lustlos abgewickelt, dass ich den Insassen das bisschen Grün auf den Balkonen auch nicht mehr abnehme. Zwergbäume und Pflanzenimitate stellen sie den Vorübergehenden zur Betrachtung hin. Wenn die sie für etwas Natürliches halten, haben sie ihren Sinn bereits erfüllt.

Von einem längeren Spaziergang heimgekommen, sinke ich in den Korbsessel. Das Telefonbuch liegt neben mir auf dem Tisch. Ich schlage irgendwo auf. *Masseure*, *Tapezierer* und *Witwen* wären zu erreichen, auch Geschäftsleute, die

Fliesen und Natursteine anbieten oder in der Lage sind, *neuzeitliche Metallkonstruktionen* anzufertigen und *Gutachten* zu erstellen. Ungeachtet der Tatsache, dass die Herrscherhöfe längst weggefegt sind, verstehen sich einige noch immer als *Hofräte*, andere scheinen der Beratung der fiktiven Höfe überdrüssig geworden zu sein, denn sie vermerken hinter den Namen, dass sie sich zur Ruhe gesetzt haben. Zwischendrin immer wieder Kolonnen von Bedauernswerten, die ihren Namen nichts hinzuzufügen haben als in Klammer die der Gattinnen.

Frau N. lässt es keine Ruhe, dass das fremde Auto schon den ganzen Tag so komisch dastehe, so schlampig, wie bei uns keiner sein Auto hinstelle; nach Balkan sehe das aus oder nach Türkei ...
Aber auch so katholisch stehe es da, so freiheitlich, ergänzt ihr Mann, der Zyniker.

Die Freundin des Slalomfahrers S. sehe oberflächlich betrachtet zwar nicht schlecht aus, sei im Grunde aber eingebildet und unsympathisch, höre ich, wie auch er selber unsympathisch sei und überhaupt die ganze Gegend, aus der die beiden stammen, als falsch und hinterhältig bekannt sei: lauter verschlagene Typen, für den Slalom wie gemacht, weil sie sich dauernd winden vor lauter Falschheit.

Livič?!! – liest die Hebamme im Kreißsaal von der Karte ab.
Ach, schon wieder eins dieser Kroatenweiber! Nachts treiben sie es hemmungslos; dann kommen sie in unsere Spitäler,

lassen sich entbinden – und kassieren: von der Caritas, von den Flüchtlingsorganisationen, vom Sozialministerium … Schießen unten alles über den Haufen, dann kommen sie herauf und wollen kassieren! Die Brücke von Mostar haben sie auch zusammengeschossen. Vorige Woche war wieder ein Spendenaufruf im Fernsehen.
Da werden wir aber auch nicht zimperlich sein und die Gospa ein bisschen zappeln lassen. Weil, was eure Ustaša im Weltkrieg mit den Serben gemacht hat, na! –
Solche Verbitterung in der Miene, kommt die Geburtshelferin auf meine in Wehen liegende Tochter zu, die erst seit neun Monaten Livič heißt.

Von den Negern ist inzwischen bekannt, dass sie dreckige Gartenschuhe fressen; jedenfalls hat eine der Frauen ihre Gartenschuhe nicht mehr gefunden, seit die Schwarzen im Dorf sind.

Der rüstige Mitachtziger, im Weltkrieg Sturmbannführer gewesen, der noch wenige Tage vor der Kapitulation zwei junge Männer wegen Desertierens an die Wand gestellt hatte, geht bald nach seinem Herzinfarkt wieder in weißem Hemd und glatt rasiert im Krankenzimmer auf und ab. Einen Auerhahn werde er im Frühjahr noch schießen, verkündet er den Zimmergenossen.
Als ob er erst durch den Tod eines anderen Wesens begreifen könnte, dass er noch am Leben ist.

Als der Invalide, dessen Kriegsgeschichten schon niemand mehr hören kann, einmal den allen zum Hals heraushängenden Rückzug aus Russland nicht erzählt, sondern ins Schlafzimmer geht und mit einem Geldschein für den Neffen zurückkommt, beginnt der durch das Vergrößerungsglas dieser Geste zu verstehen, wie es dem Onkel damals wirklich ergangen sein mag.

Einer, der Soldat ist, also bereit, Leib und Leben zur Verteidigung der Landesbewohner hinzugeben, muss implizit auch annehmen, dass die Verteidigten seines Herzblutes würdig sind. Deshalb tut er gut daran, sich nicht näher anzusehen, was ihm zu verteidigen obliegt, sondern sich an die alten Muster des Heroischen zu halten, denn sonst könnte ihn der Enthusiasmus verlassen, der ihn so stolz und mannhaft macht.

Wenn geglaubt werden soll, dass der Toten Tatenruhm ewig währet, so muss Ruhm und Ehre auch außerhalb der Kriegszeiten hochgehalten werden. Man findet sie denn auch in Militärnähe am markantesten ausgeprägt: als Ehrenkodex, Ehrenwort, Ehrenschutz, Ehrenmal …

Einer der Liederabende, in denen die mit Blut geschriebenen Grenzen des Landes besungen werden, desgleichen Tal und Gletscherwand wie auch der Wald mit seinem geheimnisvollen Wehen. Männer in erdfarbenen Anzügen und Frauen, die ihre Arbeitshände unter schimmernden Seidenschürzen verstecken, stehen, im Halbkreis aufgestellt, zum Absingen des alten Liedguts bereit.

Der im Tal beheimatete Landesrat, ein hagerer, knochiger Mann, befindet sich zurzeit auf Auslandsreise, lässt aber durch seinen Stellvertreter, einen optisch weniger gelungenen, feisthalsigen Bürokraten, ausrichten, er, der Landesrat sei in Gedanken anwesend und wünsche der Veranstaltung einen guten Verlauf.
Schon spürt das gemeine Volk, das ohne die Anwesenheit von Ehrenmännern sich recht bedeutungslos fühlen würde, wie ein Fluidum der Bedeutsamkeit sich im Saale ausbreitet. Durch den Stellvertreter sieht es durch auf ihn, der es in solchen Fällen kurz zu machen pflegt. Ebendieser Kürze befleißigt sich nun auch der Kleine, Feisthalsige. Das heißt, der hagere Landesrat bedient sich der bescheidenen Wortkunst und ungelenken Gestik des feisthalsigen Stellvertreters, der sich nun ganz in seinem Sinne verneigt und unter Applaus auf seinen Ehrenplatz zurückzieht.

Leichtfüßig die Stufen zur Bühne hinan nehmend und sich nach allen Seiten verneigend, steht der Volksvertreter inmitten des Geprassels der erwartungsvollen Blicke. Ist das nicht das siegreich glückliche Lachen, das der kleine Mann, der unten eng zusammengepfercht, in der schlechten Luft ausharrt, in seinem Leben erreichen wollte? Zwar ist jeder, der aus dem Publikumsblock zum Redner aufschaut, als Einzelwesen verkümmert und verstummt, aber der da oben so glänzend formuliert, gehört doch auch zu ihm, zu seiner Person im weiteren Sinne.
Nein, ganz abgeschnitten ist er von diesem freien, glücklichen Lachen noch nicht; mit den Fasern der soeben gehörten Worte hängt er noch dran.

Ich sehe es deinen Händen, dem Gang und der Steifheit der Gliedmaßen an, Kumpel, was es bedeutet, ohne Arbeit zu sein. Aber lass dich durch deine persönliche Perspektive nicht beirren. Im Großen ist noch nie so viel über Arbeitslosigkeit nachgedacht und diskutiert, noch nie so viel dagegen unternommen worden wie in unseren Zeiten. In diesem Sommer erst wurde das Gebäude des Arbeitsmarktservice vergrößert und modernisiert. Ich bin soeben vor seiner einladend gestalteten Fassade gestanden und habe angesichts der aufmunternden Farben an dich und deine Stimmung denken müssen.

Tiere können nicht leiden, zumindest nicht auf eine Weise, dass es einen Sinn hätte, darüber zu reden oder zu schreiben. Bei den Menschen muss man unterscheiden: Die Normalen empfinden normale Kälte, Einsamkeit, Enttäuschung und Schmerzen, wogegen man bei Unfrisierten, schlampig Angezogenen, Ausländern, Perversen und Straftätern das nicht annehmen wird.
Unvorstellbar tief leiden, schmerzlichst enttäuscht, aber auch wirklich menschlich und mitfühlend sein, das kommt nur gesellschaftlich hochstehenden Personen zu. So sehr ergreift ihr Kummer die Mittel- und Unterschichten, dass sie ihre eigenen für nicht der Rede wert halten, solange sie an den Schicksalen von Adelspersonen teilhaben dürfen.

Seit Dr. Klestil zum höchsten Amt im Staat aufgestiegen ist, fühlt er zutiefst.

Wie redlich beziehungsweise tückisch und rücksichtslos die einzelnen Volksvertreter arbeiten, kann man etwa bei einem ihrer freundschaftlichen Fußballspiele verfolgen, wo die einen bis zum Umfallen sich einsetzen, rackern und den Mangel an Technik und Überblick durch Laufarbeit wettmachen, die anderen warten derweil in Tornähe, bis ihnen der Ball vor die Füße gerollt wird und sie den bejubelten Treffer erzielen können. Wieder andere verstehen es, sich im Zweikampf so hinfallen zu lassen, dass ihnen ein Freistoß zugesprochen wird. Sich wie unter Schmerzen windend und ans Bein greifend, liegen sie noch eine Weile auf dem Boden und lachen sich eins ins Fäustchen.
Fast alle sind Meister darin, Niederlagen anschließend so zu kommentieren, dass sie mit der Fortdauer der Gespräche zu Siegen werden. Das bloße Resultat besage eigentlich gar nichts, ist man sich einig, es täusche nur diejenigen, die nichts von Fußball verstünden.

Wozu denn das viele Gerede um die Identität mit einem Land oder einem Volk, ist doch die einzige Frage, die weiterbringt, die, wie endlich von derlei loszukommen sei.

Idealist nenne ich einen Fisch, der anbeißt, ohne dass ein Wurm an der Angel hängt.

Immer wieder muss ich zu den Bergen hinaufschauen, ob nicht ein Teppich drüber liegt, unter den die ganze Gegend hineingekehrt worden ist.

Die Politik läuft nicht, wie sie behauptet, auf das Wohlergehen der Bürger hinaus, sondern knapp daran vorbei auf die Nachweislichkeit des Glückes zu.

Durch dich hindurch, du großer Mann, kotzt sich die Schöpfung selber an.

Wo es keine Freiheit gibt, erübrigt sich auch das Denken. Es genügt Treue und Anhänglichkeit.

Hier auf dem Lande hat jeder seine parteipolitische Heimat, seinen erotischen Haushalt und seine zerebrale Garage.

Der Kulturreferent wünscht dem *gemütlichen Beisammensein* der Senioren *ein gutes Gelingen.*

Mit allen Wassern gewaschener Gästeherbeilocker in mondänem Zweireiher, Doktor, wie jedermann weiß, einer, der das Herbeilocken von Grund auf studiert und doch in dieser Saison nichts zuwege gebracht hat, begleitet vom jüngeren, sich bemüht zeigenden Adlatus, dieser mit dunklen Brillen und Handy, geht heftig gestikulierend auf die leere Sommergästeterrasse zu.

Mit der Peitsche der Klolosigkeit treibt man die aus den Bussen steigenden Senioren in die umliegenden Gasthäuser.

Kaum aus der Enge des Busses ins Freie gelangt, gehen die Herrschaften in Bewunderungs- und Genussposition. Die Bereitschaft, etwas zu bewundern, fällt besonders auf, wenn es ringsum nichts zu bewundern gibt.

Man mag über die Nutzung der Alpen für den Tourismus denken, wie man will: Nutzen ziehen alle daraus. Einige zwar nur einen Negativnutzen, aber der trägt nicht weniger zur Struktur der Nutzung bei.

Schwer atmend tappen zwei ältliche Leutchen den Steig zur Kapelle hinan. Oben angekommen lassen sie sich auf dem verwitterten Bänkchen nieder und beessen die Gegend.

Der Wirt ermöglicht es seinen Gästen, dass sie der Sanftmut des Lammes, der Gutmütigkeit und Ruhe des Almochsen sowie der Leichtigkeit des Geflügels teilhaftig werden; sogar zum Urwüchsigen und Wilden verschafft er ihnen Zugang: in den Wildwochen im Herbst.

Im Jagdausschuss wird jeden Herbst festgelegt, wie viele Füchse, Rehe, Hasen, Gämse et cetera zum Abschuss freigegeben beziehungsweise zum Leben zugelassen werden. Das Reh, das eben vor mir über die Straße spaziert, bewegt sich also innerhalb eines positiven Bescheids.

Der gelb blühende Raps, wie er seit einigen Jahren links und rechts der Straße ins Auge fällt, wächst von Brüssel aus.

Wohin ich auch komme, treffe ich auf Lärmschutzgesträuch, Staubfanghecken, lebende Zäune, Sichtblocker, Schaummöbel, noch nicht ausdiskutierte Landschaften, auf Zack gebrachte Bienen, schrottreife Kater, Buffetpersönlichkeiten, Verdauungsgespräche, Verantwortungsdeutsch, Wochenendspiritualität, Gesprächsdesigner, ehegeschädigte Gefühle, schwache Buchzurückgeber, von Entfettungsläufern verunzierte Felder, Pleonasmen an Menschlichkeit ...

An heißen Tagen tun die Kastanienbäume im Park ihre Pflicht. Schatten spendend halten sie die dichten Laubgeflechte über Kieswege und Ruhebänkchen. In den gleich großen Abständen zwischen den Stämmen, der Einheitlichkeit der Grassorte in den Rasenflächen und der gleichartigen Körnung des Kieses spürt man das Prinzip der Gleichheit. Als Nächste wären eigentlich die altgedienten Alleebäume dran, die 35-Stunden-Woche zu fordern.

Trauriger Aufmarsch der Kühe: Aus den Nüstern dampfend, trottet mir den Straßenrand entlang ein Trupp entgegen. Allen sind die Hörner amputiert, sodass sie entwürdigt und verunstaltet aussehen. Die Wehrhaftigkeit, die man ihnen oben genommen hat, schaut ihnen eine Spanne weiter unten als Feindseligkeit und Unberechenbarkeit aus den großen Augkugeln.
Nicht einmal der Bub hinter ihnen lässt sich erheitern. Obwohl ich ihm im Vorüberfahren aus dem Auto ein paar

launige Bemerkungen zurufe, verzieht er keine Miene und schaut geradeaus.

In der Steinzeit ist es gelungen, aus dem Wolf das Brauchbare herauszufiltern: das dem Menschen dienliche Laufen, Bellen und Beißen. Ein solcher Spätwolf umkreist gerade mit Diensteifer die Kühe, treibt sie unter Gekläff gegen das Stalltor hinüber, wo er zur Belohnung einen Napf Milch bekommen wird, der Verräter an seinen Tiergenossen.
Dieses Derivat eines Wolfes wird auf verschiedene Bedürfnisse des Menschen hin weitergezüchtet: zu handlichen, stubenreinen, nur noch heiser hüstelnden Kreationen mit wärmenden Bauchdeckchen und herrenhaften Schnauzern. Manchmal schraubt sich unterhalb des Bauchs etwas Lippenstiftartiges hervor. Die Damen blicken einander an und beginnen zu kichern. Aus dem Körbchen blickt flehender Augen ein verendender Wolf zu ihnen empor.

Im Park besorgt es ein gepflegter Pudelherr einer vornehm geradeaus blickenden Pudeldame. Ihre Herrin weiß schon gar nicht mehr, wohin sie schauen soll, damit sie nicht zu sehr mitgerammelt wird.

Als das Schwein schon recht vertrauensvoll aus seinen klugen Äuglein zum Bauern aufschaut, haut der ihm eines Wintermorgens den schwarzen Kübel über die Schnauze und bemächtigt sich seines Fleisches. Ihm selber wird dabei keine Borste gekrümmt. Hoch geachtet lebt es auf dem Hofe weiter. Bald wird man den einen Teil von ihm als frischen

Speck loben, indes der andere wieder munter im Stroh des Kobens steht und zwischen den Latten herausblinzelt.

Schwerfällig rumpelnd scheppert der Regionalzug am herabgelassenen Bahnschranken vorbei, Fenster für Fenster, niemand drin. Eine reine Huldigung an Ordnung und Regelmäßigkeit.

Wer durch die Wüste reitet und sich nur durch die Stadt bei Hoffnung hält, auf die er zureitet, wird, wenn er ankommt, zuerst das Schwinden der Hoffnung erleben. An ihre Stelle werden Lärm und Blendung treten. Und nach einiger Zeit wird er bemerken, dass sich die Wüstenpfade von den Straßen der Stadt hauptsächlich dadurch unterscheiden, dass es auf Letzteren keine Hoffnung mehr gibt.

Das Fahren mit Schubkarren und Zweirädern, aber auch das komfortablere Hingleiten mit Automobilen, Eilzügen, Dampfern und Luftfahrzeugen, nota bene auch das sachte Hinfahren einer Hand über einen Wange: sie alle sind Abarten der ursprünglichen Art des Fahrens: des Aus-der-Haut-Fahrens.

In einer seit Jahren unveränderten, der österreichischen Schischule entsprechenden Haltung zieht Magister N., dem man den ehemaligen Turnlehrer noch ansieht, seine gleichartigen Bögen über die glatt gewalzten mittelsteilen Pisten abwärts, ohne dass er je aus dem Gleichgewicht geriete. Was

sich von Zeit zu Zeit ändert, ist die Unterlage, das jeweilige Schigebiet, das er mit seiner soliden Technik schulmeistert, Schwung für Schwung. Den ganzen Winter kommt er nie aus der miefigen Höhle seiner Parallelschwünge heraus.
Wenn ein Abfahrtsläufer, nachdem er die Gräuel des Berges hinter sich gebracht und im Ziel abgeschwungen hat, gebeten wird, etwas über seine Fahrt zu sagen, so fallen seine Worte ähnlich nichtssagend aus, wie wenn der Reporter etwas über sich aussagen wollte, indem er die Rennstrecke hinunterkurvt.

Meine Generation ist zu verkrampft. Sie kann sich nur freuen, wenn bei den alpinen Schirennen die Österreicher vorne liegen. Bei der Olympiade in Lillehammer, während ich ergeben eine Niederlage der Unseren nach der anderen hinnehme, wird meine Jüngste plötzlich des Österreichertums überdrüssig. Denn ungeachtet des Bangens um die Unseren steigen meist irgendwelche Ausländer, manchmal wie zum Hohn sogar Flachländer, auf das Siegespodest und freuen sich auf so hinreißende Weise, dass meine Jüngste beschließt, in Hinkunft sich mit jedem mitzufreuen, der gewinnt.

Nachdem der Schirennläufer Hermann Maier, der bezüglich der Fahrweise brutalste aller mir bekannten Maier, im letzten Winter ungeachtet aller Regeln des klassischen Schirennlaufs bei einem Riesenslalom eine als unmöglich geltende Linie gewählt hat und dafür auch noch mit dem Sieg belohnt wird, sagen sich seine Konkurrenten mit Recht: Wenn für ihn die Naturgesetze, namentlich die der Fliehkraft und Gravitation, nicht mehr gelten und er, nur stellenweise mit dem Boden Kontakt aufnehmend, sich um die Torstangen schwindelt,

immer schon vorbei, bevor eine gründliche Auseinandersetzung zwischen Schi und Unterlage erfolgen kann, so muss dasselbe auch für andere gelten.
Solches scheint, wie man seiner Fahrweise anmerkt, auch ein anderer Meyer, wohlgemerkt einer mit ey, zu folgern. Rein formal hat er ja Recht. Aber die Naturgesetze finden selbst in der Geschwindigkeit der Fahrt heraus, was zufolge der Gesamtumstände dem einen Maier zusteht und was dem anderen. Irgendeinmal lassen sie die Anmaßung auffliegen, und zwar in einem weißlichen Wirbel aus a, i, M, y, e, M, M, e, r, y, der sich noch eine Weile über der Stelle dreht.

Spät erst rächt Gott, was die Franzosen den Tirolern 1809 angetan haben, rächt es im Dezember 1998, als beim Abfahrtslauf in Val d'Isere der lange Zeit führende Franzose Cretier zu guter Letzt doch noch von einem Österreicher geschlagen wird.

Nach Schlusspirouette und Verneigung verlässt die Eiskunstläuferin das Eis. Den vom Trainer gereichten Becher nimmt sie in den Bogen des Niedersitzens mit; vom auslaufenden Schwung weiterbewegt, führt sie ihn an den Mund und schüttet den Inhalt in die Ewigkeit hinab, die sich vor dem Aufleuchten der Bewertungsnoten auftut.

Für ein paar Tage nimmt der Mörder U. alles Gefährliche und Unheimliche im Land auf sich. Nachher schaut es wieder aus manchem Brotmesser, das auf dem Tisch liegt, aus vereisten Kurven, zwischen den Zeilen von Briefen und aus dem süßlichen Lachen der Geschäftsfreunde hervor.

Den Geschäftsfreunden, um sie richtig einschätzen zu können, nicht mehr in die Augen, sondern in die Socken schauen.

Obwohl es über dieses Tal nichts Besonderes zu sagen gibt, sind auch hier die wichtigen Persönlichkeiten wegen stundenlanger Besprechungen nicht erreichbar.

In den besten Jahren sind die Männer damit beschäftigt, Gipfel zu sammeln, mit denen sie später einmal den jungen Angebern die Mäuler stopfen können.

Der Liftwart, der den Tag über in einer zugigen Bretterhütte auf der schneewindumwehten Höhe hat ausharren müssen, wobei seinen Augen nichts Besseres vorgesetzt worden ist als die reichlich eintönige Kost von aus der Spur steigenden, den Liftbügel zur Seite stoßenden Schifahrern, kehrt er abends im Pizza-Stadel ein, wo er schon seinen Winkel an der Theke hat und, ohne dass er bestellt, sein Krügerl hingeschoben bekommt. Die Schisaison nähert sich erst dem Höhepunkt, und schon beginnen die aus der Einsamkeit herausgewachsenen Bartfäden ihm den Mund zuzuwachsen.

Nachdem die ärgste Kälte abgeklungen ist, sodass es keinen Sinn mehr hat, darüber zu klagen, stehen zwei Nachbarinnen eine Weile recht ratlos beisammen und schauen nach Anhaltspunkten aus, ob sie vielleicht schon bald mit dem Klagen über Trockenheit und Hitze beginnen könnten.

Beim Durchwandern der Klamm mit ihren überhängenden Felswänden und den dazwischen niedergischtenden, obenauf grünlich bis weißlich gekräuselten, in sich kreisenden, dann wieder jäh abstürzenden Wassern wird Frau N. schwindlig. Sie muss schleunigst hinaus in den angrenzenden Wald, wo in diesem Jahr aber so viele Herrenpilze aus dem Boden schießen, dass sie sich gar nicht niedersetzt, sondern sich Pilz für Pilz zurückhantelt in ihre alte Sicherheit.

Was die Geborgenheit anlangt, kann man es nicht weiter bringen als zu einem Haus mit Garten und darin die obligate Schaukel, in der man sich innerhalb des immer Selbigen hin und her bewegt.

Der Mann heizt, die Frau lüftet. In Fensternähe ist es blödsinnig kalt, in Ofennähe sinnlos heiß. Heizen und Lüften heben sich auf, nur das Blödsinnige und Sinnlose bleibt.

Es müsste den Leuten doch zu denken geben, dass man lieber dem Geplauder eines Bächleins lauscht als dem ihren.

Einer verlegt in seinem Garten Natursteine, und zwar mit so viel Akkuratesse, dass man sieht, dass es weit über die Steinplatten hinaus um seine eigene Wertschätzung geht.

Dass die Frau gewillt ist, sich vor allem Extremen und Unmäßigen zu hüten, äußert sich in der Apotheke darin, dass sie sich für die mittelgroße Flasche Burlecitin entscheidet.

Die Schuld, um deren Vergebung die Christen ihren Gott anflehen, die er ihnen aber nie ganz von den Schultern nimmt, spielt auch bei den Ungläubigen eine Rolle. Sie resultiert aus dem Schuldigbleiben gegenüber den Erwartungen, die andere und sie selber an sie geknüpft haben. Deshalb brauchen auch die Konfessionslosen ihre Lossprechungen. Sie schieben sie eben ohne Zeremonie von sich, zum Beispiel dem Ehepartner, den Eltern, Lehrern oder Politikern zu.

Leute nenne ich Menschen, die sich so verhalten, dass man, was immer sie tun und zulassen, darüber in reinen einfachen Sätzen reden kann. Von den Böden entfernen sie, was nicht zu Böden gehört, von den Kleidern, was nicht zu den Kleidern gehört. Was sie in den Begriffen nicht unterbringen, schieben sie dem Wetter zu, diesem nur zum Teil aus meteorologischen Gegebenheiten bestehenden Gemisch, über das sie jeden Tag des Langen und Breiten lamentieren.
Wie misstrauisch und verseucht von Verdächtigungen sie auch hinter den Vorhängen hervorspähen, in ihrem Innersten sind sie alle unschuldig wie am ersten Tag. Zweifellos sind es die Umstände gewesen, die einen nach dem anderen in die allgemeine Doppelzüngigkeit und Missgunst eingetaucht und solchermaßen das Weiß des Taufkleides beschmutzt haben. Wenn sie in der Folge mitheucheln, verleumden und intrigieren, so sollte man das aus den Umständen heraus verstehen und diese schuldig sprechen. Man sollte auch Frauen, die über Tratsch und leeres Gerede klagen, nicht mit dem Hinweis entwaffnen, dass sie sich ja selber daran beteiligen; man würde sonst nur die schöne Unschuld trüben, die nach wie vor aus ihren Augen leuchtet.

Es ist ein schönes, mit feinen Knötchen durchsetztes Bauernleinen, das über das Resopal der Tischplatte gebreitet ist, in der Mitte drüber gelegt ein achteckiges gehäkeltes Deckchen. Beides hat meine Frau auf einem Stadtbummel als etwas erstanden, was mit unserer Herkunft zu tun hat und zumindest ihrem Schönheitssinn entspricht.

Ich, der schnell eine Jause zu mir nehmen möchte, habe der Symmetrie und handwerklichen Strenge der Gewebe nichts ähnlich Gediegenes an die Seite zu stellen. Also schiebe ich das Tuch ein Stück tischeinwärts und erledige auf dem frei gemachten Eck die Sache mit Tee und Brot.

Wenn die in ihren Lebensgewohnheiten Kreisenden sich eine Reise wünschen, nicht so wichtig wohin, nur einmal weg, möglichst weit weg, so ist es im Grunde der Wunsch, aus ihren Gewohnheiten hinauszukommen. Die Reiseunternehmen bewirtschaften solche Wünsche und transportieren die Leiber dahin und dorthin, etwa ans Meer, von dem ihnen ihre verlorene Weite noch einmal entgegenschimmert, oder es lässt sich einer die gesamten Ersparnisse eines Jahres kosten, um bei den Aborigines im Inneren Australiens seine Ursprünglichkeit zu besichtigen. Verbraucht von Hitze und Entbehrungen kommen sie zurück und meinen, sich selber nicht nur einige Schritte, sondern einige tausend Kilometer näher gekommen zu sein.

Das Wasser ist in runden Gefäßen rund, in eckigen eckig. Sein Wille ist die Schwerkraft. Die Intelligenz, die es aus allen Teilen des Landes zum Meer bringt, liegt in seiner Geschmeidigkeit, mit der es, die jeweiligen Gegebenheiten abtastend, den Weg des geringsten Widerstandes ausfindig

macht. Zu Schnee gefroren und auf steiles Gelände geraten, kann es als verheerende Lawine niederdonnern, dann plätschert es wieder harmlos durch eine Aulandschaft.
Fähig bleibt es zu allem. Darin ähnelt es dem Menschen, der sich auch nur unter humanen Umständen human verhält.

Gehen wir, sagt meine Frau. *Schau, wie die anderen gehen; sooft sie Zeit haben, gehen sie.*
Karajan zum Beispiel sei ein vorbildlicher Geher gewesen. Noch am Tage vor seinem Tod sei er vor das Haus gegangen, habe aber, was das Traurige an der Sache war, nicht mehr die Kraft gehabt, einen richtigen Spaziergang zu unternehmen.
Natürlich ist allen Männern bewusst, dass sie mit dem Maestro in keiner Weise mithalten können, denn so wie er es verstanden habe, zwischen den Proben und anderen Verpflichtungen noch Zeit für das gemeinsame Gehen aufzubringen, das macht ihm keiner nach. Dabei legt er stets Wert darauf, dass er und Eliette leger gekleidet sind. Die Kinder, richtige Lausebengel im Salzburger Look, immer um sie, so geht es hinaus ins Tennengebirge. Die lose Gruppe kommt hinter einem Schlehdornstrauch hervor: zuerst die hinlänglich bekannte Haarwelle des Maestros, dann das in der Sonne glänzende schulterlange Haar von Eliette und hinterher die Kinder.
So gehe ich denn mit, den leicht hängenden Wiesenweg dahin, bis er sich verschmälert und in einen mit Sträuchern halb verwachsenen Graben einbiegt. Das Bächlein, das sich dort zwischen allerlei Hindernissen hindurch die jeweils tiefste Stelle sucht, ist nahe am Versiegen. Damit ich mit einiger Sicherheit darüber reden kann, schaue ich mir einige Einzelheiten genauer an. Ein Bruchstück eines gerillten Dachziegels fällt mir auf, weil ich so etwas hier nicht vermutet hätte. Das

zaghaft dahingluckernde Wasser teilt sich an seiner Kante in ungleich große Teilströmungen. Etwas unterhalb davon, wo Laub im stehenden Wasser schwimmt, kommen gut kniehohe Pflanzen mit kreisförmigen Blattdächern auf.

Die schwarz gen Himmel ragenden Fichten, an denen wir vorüberspazieren, die emailierten alten Badewannen in einzelnen eingezäunten Feldern, die übereinander gestapelten, in Plastikfolie eingeschweißten Heuballen in anderen, die zerquetschten Bierdosen im Straßengraben, in einem Hausgarten der riesige rote Sonnenschirm, an dessen Schaft zwei Schafe festgebunden sind – alles sagt uns an diesem Abend das Gleiche: dass wir es geschafft haben. Nach Jahren des Wartens in verschiedenen Mietwohnungen ist es uns endlich gelungen, ein altes Bauernhaus zu kaufen. In den nächsten Tagen schon wollen wir darangehen, es auszuräumen und für uns herzurichten. Das Bächlein, das unseren Weg begleitet, plaudert mit tausend Zungen von dem, was in diesen Räumen möglich sein wird.

Augen, Nase, Mund, Arme und Beine nach vorne gerichtet, sitze ich auf dem wackeligen Bänkchen vor dem nun zu meiner Person gehörigen Haus und spüre, wie die Eindrücke und Einflüsse von allen Seiten her auf mich wirken. Einiges sortieren die Sinne und etikettieren es, zum Beispiel das nach Splittern und Brechen klingende Rauschen des Holzhäckslers, das sich deutlich abhebt vom Kreischen der im Swimmingpool planschenden Kinder und dem Rattern der Betonmischmaschine beim etwas näheren Neubau. Was unsortiert bleibt, fällt ins Hintergrundrauschen zurück. Es ist weder schön noch unschön.

Das Sitzen vor dem Haus aber empfinde ich als ausgesprochen schön.

Hin und her gerissen zwischen mehreren Aufgaben, die zu erledigen wären, sitze ich vor mich hin, ohne zu einem Entschluss zu kommen, was ich zuerst und warum gerade das in Angriff nehmen soll. Also warte ich noch, bis sich die Dringlichkeiten untereinander ausgemacht haben, welche von ihnen mich als erste für sich einspannen darf.
Da braust das gelbe Auto des Briefträgers die Straße herauf, direkt auf mich zu und bleibt mit offener Seitenscheibe neben mir stehen. Drinnen mischt der Briefträger, nicht unähnlich einem Bauern, der seinem Vieh ein Kraftfutter zusammenrührt, mir flinkhändig aus drei Plastikbehältern etwas zusammen: eine Tagesbotschaft, gesandt aus einer mir zusehends rätselhafter werdenden Welt. Ein fast fingerdicker Stoß verschiedenfarbiger Papiere wird mir herausgereicht.
Bereit, in aller Ergebenheit anzunehmen, was mir das Schicksal darin mitteilen will, ziehe ich geschlossener Augen eines der Papiere aus dem Stoß. Besage es, was es wolle, ich will die Anordnung der darauf verstreuten Buchenstäbe als Wink und Zeichen nehmen, will, so gut ich kann, in die Botschaft hineinhorchen und mich in sie fügen.
Nicht ohne Schauder falte ich das Blatt auseinander, öffne die Augen und zucke auch schon zusammen. Ein Durcheinander aus schwarzen Stäben prasselt auf mich ein, trommelt mir auf Netzhaut und Stirne. Erst als sie auf dem Papier zur Ruhe kommen, beginne ich zu verstehen, was sie meinen:
Einladung zum Seniorenabend ...

Wie der Fuchs leeren Magens durch den Winterwald schnürt, so schnürt, nach geistiger Nahrung Ausschau haltend, der hiesige *Dichter & Denker* durch die Gassen des Einkaufsstädtchens.
Da tritt aus seinem Stammlokal, wo er einige Runden Tarock gespielt hat, der Altpräsident, von dem kaum noch jemand weiß, welchem Gremium er seinerzeit vorgesessen war.
Oh, unser Dichter & Denker!, ruft er von weitem und hebt die Hand zum Gruß. *Wie stehen die Dinge?*
Schlecht, Herr Präsident, sehr schlecht!, erwidert ihm der Angerufene. *Keinerlei geistige Nahrung, weitum nichts zu sehen, nichts zu hören.*
Nur nicht das Fähnlein der Hoffnung sinken lassen!, ermahnt ihn der Präsident, der schon Hunger und Kriegszeiten erlebt hat. *Es werden bessere Tage kommen.*
Oh, dass Sie doch Recht hätten!, seufzt da der Dichter & Denker und geht, den Einkaufszettel in der Hand, weiter.

Alles, was ich tue, angefangen vom zeitigen Aufstehen, dem Zubereiten eines kräftigen Kaffees und dem Überfliegen der Zeitung bis zum Mähen des Hanges, das der Entspannung der Sitzmuskulatur dient, hat um einige Ecken herum mit dem Schreiben zu tun.
Fragt mich dann einer, was ich denn die ganze Zeit über tue, schäme ich mich schier, denn eigentlich tu ich ja nichts als schreiben, und das ist für einen Mann wahrlich wenig. Worüber soll man mit so einem reden? Dieses stupide Tastenklopfen ähnelt ja schon dem monotonen Nadelklirren der Strickerinnen, aus welchem sich nach einiger Zeit aber doch wärmende Wollsachen ergeben. Schi fahrende Enkel werden damit eingehüllt, und zwar mit einer Innigkeit, die der meinen um nichts nachsteht.

Ein Vormittag, an dem mir nichts gelingen will. Da klingelt es an der Haustür. Die Arbeitsunterbrechung kommt mir wie gerufen. An den Armstützen stemme ich mich aus dem Sessel und tappe, steif vom langen Sitzen, die Stiege hinunter. Ein ziemlich großer Schatten verdüstert das Glas der Türfüllung von außen her, ein Mann vermutlich.

Wie auch immer: Ich freue mich über die Arbeitsunterbrechung. Draußen im Sitzwinkel ist es schon warm. Wir setzen uns vor das aufgeschlichtete Holz, ohne dass ich genauer hinsehe, wer mir da ein dem Wasserrauschen nicht unähnliches Wortrauschen über den Kopf schüttet. Eine Weile sitzen wir in der Sonne, dann noch eine Weile, dann kommt allmählich der Gedanke auf: Ja wann geht denn der endlich wieder? Meint der vielleicht, schon angekommen zu sein, weil er meine Hausnummer gefunden und mich herausgeklingelt hat?

Seit der allgemeinen Motorisierung, so sinniere ich neben dem Wortrauschen her, hat die Kunst des Kommens einen argen Niedergang erfahren, darf doch jeder, der über ein Fahrzeug verfügt, sich der Ansicht hingeben, die ganze Welt stehe ihm offen und es sei nur eine Sache von entsprechend vielen Radumdrehungen, an alles heranzukommen, was sie zu bieten hat.

Ich muss in diesem Zusammenhang auch an den Schriftsteller Franz Innerhofer denken, der einmal zu einer Lesung in unser Städtchen kommen wollte beziehungsweise musste, weil ihm das Geld ausgegangen war.

Ich für meinen Teil war von seinem Kommen enttäuscht, denn anstatt dass er verkörpert hätte, was man in seinen Romanen spürt: ein kraftvolles Aufbäumen, wie es den meisten Lesern längst abhanden gekommen ist, das sie aber doch gern noch einmal besichtigt hätten, führte er die mit seinem Namen verbundenen Hoffnungen durch unbeteiligtes Lesen ad absurdum. Ein paarmal schaute er in die schütter besetzten Stuhlreihen und dann auf die Armbanduhr. Nach genau 45 Minuten brach er ab und machte sich wortlos aus dem Staub. Nicht zu seinem Nachteil übrigens, denn hätte er sich in die zu erwartenden Gespräche verwickeln lassen, wäre in meinem Gedächtnis wohl noch weniger von ihm und diesem Abend übrig geblieben.

Was das Kommen anlangt, so bewundere ich am meisten unseren Bürgermeister. Bei Konzerten und Lesungen lässt er durch den Kulturreferenten der Veranstaltung gutes Gelingen wünschen. Dabei sieht das Publikum durch diesen durch auf ihn, der durch Abwesenheit glänzend noch an Wertschätzung gewinnt.

Falls er aber tatsächlich einer Veranstaltung die Ehre seiner körperlichen Anwesenheit verleiht, so mischt er seinem Auftritt stets eine Brise Verspätung bei. Das macht ihn duftig, das zaubert einiges von seiner Korpulenz weg. Er bedauert auch sogleich, etwas früher wegzumüssen. So verkommt er nie zu einem platten Dasitzen, vielmehr bildet er einen runden Übergang von einer verspäteten Ankunft zu einem vorzeitigen Wegmüssen.

Noch klüger als er geht nur der liebe Gott mit seinem Kommen um. Sosehr ihn die Seinen herabflehen, in seiner Weisheit und Güte zieht er es vor, nicht zu kommen Einzig als Verheißung will er den Gläubigen nahe sein. Kommen wird er am Jüngsten Tage, heißt es in der Apokalypse. Dann aber wird Heulen und Zähneknirschen sein.

Vor einer meiner Lesungen in Villach kündigten mir mehrere meiner Kollegen und Bekannten ihr Kommen an, natürlich nur für den Fall, dass nichts Wichtiges dazwischenkommt. Ich schätze, während der von meinen Büchern sich begeistert zeigende Kollege zu mir spricht, den Prozentsatz der Wahrscheinlichkeit, dass er kommen wird, ab: Wenn seine Gattin

in der Stadt etwas zu besorgen hat, beispielsweise Knöpfe für eine Trachtenjacke, könnte die Wahrscheinlichkeit über fünfzig Prozent hinausgehen. Bei den aus reinem Interesse Kommenwollenden muss ich mich erfahrungsgemäß mit weniger als fünfzig Prozent begnügen.
Als ich abends vor zwölf Zuhörern lese, davon ein paar Angehörige, der Kulturchef und zwei, die ich telefonisch bearbeitet habe, denke ich korrekterweise doch auch an die ansehnliche Zahl derer, die mit knapp unter fünfzig Prozent, also reel nicht anwesend sind. Ich zähle sie im Geist zusammen: Zwei fast Fünfzigprozentige rechne ich in einen rund Hundertprozentigen, also reel Anwesenden, um.
Andererseits muss ich einkalkulieren, dass auch die reel Dasitzenden nur mit knapp über fünfzig Prozent anwesend sind:die einen, weil ich sie über die Fünfzig-Prozent-Marke hinausgeredet habe und das Kommen noch immer weniger Umstände bereitet, als sich für das Nichtkommen zu rechtfertigen; die anderen sind vermutlich aus Verlegenheit, was mit dem Abend anzufangen sei, hierher gekommen, sitzen also reel da, fragen sich aber nebenbei, ob sie sich nicht doch besser Sepp Forcher im Fernsehen hätten anschauen sollen.

Alex! – Alex!! – Besuuuch!, ruft seine Frau über die Stiege hinauf und geleitet mich in die Küche.
Wirren Haupthaars taucht der Hausherr im Türrahmen auf und entfaltet ein sehenswertes Repertoire an Armausbreitungen, Willkommensbezeigungen und Komplimenten.
Er will etwas holen, braucht aber ziemlich lange. Die Frau ruft ihm nach. Vermutlich sucht er im Keller nach einem guten Tropfen, mit dem er seiner Freude über den Besuch Ausdruck verleihen will, der Überschwängliche. Sie ruft noch einmal durchs Stiegenhaus hinunter, wo er denn bleibe, schaut auch in die angrenzenden Zimmer hinein. Nichts!

Ich verfalle in Bewunderung, wie er es versteht, weg zu sein. Wir zwei Zurückgebliebenen lösen uns zwar auch auf, in Redensarten und Erörterung unserer Familiensituationen, aber so duftig, wie er sich aufgelöst hat, das halte ich für genial.

Einer der wenigen, die sich das Wegsein nicht missdeuten ließen, war Thomas Bernhard, der bekanntlich verfügt hatte, dass die Öffentlichkeit erst nach seiner Beisetzung von seinem Abgang erfahren sollte. So gelang ihm, wie die Turmspringer sagen, ein *spritzerloses Eintauchen*. Anders ausgedrückt: Die Öffentlichkeit konnte ihre Notdurft an ihm nicht verrichten.

Zu einer ordentlichen Künstlerbiographie gehört auch das Austeilen von Ohrfeigen, natürlich in der Überzeugung, das Böse allselbst zu treffen und so zu seiner Ausrottung beizutragen.
Michael Guttenbrunner zum Beispiel verfügt über eine solchermaßen aufgewertete Biographie. Von dem möchte ich keine geschenkt bekommen, denke ich mir, während ich ein Foto von ihm betrachte; der hat mir zu fleischige Pfoten.
Da lob ich mir Artmanns berühmte Ohrfeige vom Lendkanal in Klagenfurt: eine expressionistische Geste, eine schlanke Empörung, der zufällig ein Polizist in die Quere gekommen ist, ein handsignierter Denkzettel, wenn man so will, weit entfernt von einem stupiden Links-und-rechts-Watschen.
Leider kenne ich die Geste des Meisters nur aus Schilderungen des nicht sonderlich kunstsinnigen Wachorgans. Der Mann hat in seinem übrigen Leben nicht viel vorzuweisen, was man an einem größeren Tisch zum Besten geben könnte. Von dieser im ganzen Sprachraum bekannten Erregung des Meisters allerdings erzählt er immer wieder als der Sternstunde seines Lebens.

Gert Jonke soll im Rathaus in Kötschach lesen. Er kommt zu spät, sein Gesicht ist bedenklich gerötet. Scheint zu saufen, weil er schon im letzten Winkel der Provinz lesen muss. Wie dem auch sei: Socken hätte er sich bessere anziehen können, von Socken versteht man hier etwas.

In der Reihe neben mir sitzt einer, der auch schreibt, ohne Erfolg allerdings. Sehen kann ich von ihm nur die Hose vom Knie abwärts. Ihr Grau sieht nach Entmutigung aus. *Angströhren*, diagnostiziere ich. Der Zug ist für ihn wohl endgültig abgefahren. Unten retten sich die aus den Socken kurz zum Vorschein kommenden bleichen Waden sofort wieder hinein ins Rohr dieser farblich zurückhaltenden Hose.

Franz Innerhofer war bestimmt ein bemerkenswerter Autor, drei, vier Bücher lang. Dann war er leer, schrieb aber weiter. Als er eines Tages zu einer Lesung nach Hermagor anreiste, hätten die Hörer gern jenen zornigen, hemmungslosen Wortwüterich erlebt, den sie in seinen Romanen kennen gelernt hatten. Er aber wirkte erschöpft und wollte von seinen ersten Romanen weder reden noch lesen. Stattdessen zog er ein paar zerknitterte Blätter aus der Manteltasche: einen erst auf der Bahnfahrt zu Papier gebrachten Text. Der fiel vom Niveau der Romane denn auch gewaltig ab. Und doch merkte man an der Eindringlichkeit, mit der er ihn vortrug: Der ist ihm ja noch wichtiger als alles, was er bisher geschrieben hat.

In einem Innenhof der Wiener Wollzeile liest ein wenig bekannter Lyriker aus seinem ersten Gedichtband. Die meisten der klapprigen Gartenstühle bleiben leer. Nur ein paar ungesund aussehende, kauzig frisierte Hörerinnen bemühen sich, den Texten zu folgen. Die lohnen es ihrer Gefolgschaft aber schlecht. Überfordert und weit abgehängt lassen sie die durchaus gefühlsbereiten Hörerinnen hinter sich.

Nach der Pause kommt der Arrivierte: glatzköpfig, krötenartig breit und verschroben. Aber das tut der Atmosphäre keinen Abbruch. Im Gegenteil: Schönheiten, wie man sie sonst nur auf Trabrennbahnen trifft, kommen herein. Solche Nackenlinien! Denkend blicken sie drein, ohne dass dabei das Ebenmaß ihrer Züge gestört würde.

Sie haben es erraten: Es ist alte Jandl, der seinen Körperhaufen ans Lesepult schleppt und ihn dort in den Sessel plumpsen lässt. Tief Luft ziehend, kramt er ein abgegriffenes Leseexemplar aus seiner Aktentasche, räuspert sich, blickt über den Brillenrand ins Publikum und schickt die ersten geordneten Laute aus.

Alsbald sind Unförmigkeit und Schwere verflogen; heiteren Gemütes schwebt er hin in seinen Erörterungen über Suizid und Euthanasie.

Turrini sei derzeit nicht zu haben, Winkler den Leuten nicht zuzumuten; und bei den weniger Bekannten wisse man nicht, ob überhaupt zehn Leute kommen. Also wird's der Brandstetter.

Als er kommt, sitzt prompt die vorhandene Bildungsschicht, bestehend aus Zahn- und Tierärzten, Orthopäden, Humanmedizinern, Steuerberatern und Juristen samt feinsinnigen Gattinnen da, um dieses außer Zweifel stehende Stück Hochkultur aus der Nähe zu betrachten, den müden, hundeartig gutmütigen Blick in einem Saal, in dem soeben eine Möbelausstellung abgepackt hatte.

Brandstetter liest sichtlich ungern. Als er das Buch zuklappt und sich für die Aufmerksamkeit bedankt, meinen einige, das sei vielleicht um eine Spur zu kurz gewesen, dass man wirklich etwas mit heimnehmen könnte. Trotzdem zeigt man sich angetan und klatscht, als ob man sagen wollte: Da haben wir endlich wieder einmal etwas gehabt; jetzt brauchen wir wieder lange nichts mehr.

An den Schauplätzen der Literatur gibt es unsichtbare Stiegen, die aus der Unterwelt etwa eines Lernet-Holenia, Kafka oder einer Ingeborg Bachmann an die Erdoberfläche heraufführen, von wo aus man mit beliebigen Verkehrsmitteln auch andere Entstehungsstellen von wichtigen, nämlich zu Büchern und Bildern führenden Gedanken erreichen kann.
Bedächtig, damit auch ältere Herrschaften zu folgen vermögen, wird die Zuhörerschaft über Doderers Strudelhofstiege hinaufgeleitet, Freuds Domizil in der Berggasse liegt keine zehn Minuten beziehungsweise keine drei Sätze davon entfernt. Nach einem Blick auf die Rolex ergibt sich, dass auch noch Trakls Inzest-Quartier zu besichtigen sich ausgeht. Der Referent, Verfasser eines Reiseführers entlang den Schauplätzen der Literatur, entschuldigt sich beim Publikum dafür, dass er solche Verhältnisse zur Sprache bringen muss. Da aber Trakl am Ende sich selber richtet, ist die Moral nicht ernstlich in Gefahr.
Leuchtender Blicke folgen die Damen den stets vornehm und geschmackvoll bleibenden Ausführungen. Schade nur, dass man sich einen so kultivierten Kunstvermittler nicht öfter leisten kann!

Dass Thomas Bernhards *Heldenplatz* auch in literarisch nicht interessierten Kreisen gelesen, diskutiert, bejubelt beziehungsweise mit Empörung abgetan wird, hat meines

Erachtens damit zu tun, dass er mit den gängigen Begriffen wie *Österreicher, Sozialisten, Juden, Katholiken* und Ähnlichem arbeitet. Er bleibt sozusagen bei der *österreichischen Aufteilung des Schweins.* Deshalb sehen ihn die Österreicher als ihren großen Kenner an. Keiner trifft wie er ihre tief sitzenden Dualismen, und sosehr sie sich dagegen verwahren, dass jemand sie auseinander nimmt – wenn es schon sein muss, dann bitte in der Weise, wie er tranchiert.

Ein Autor, der bei seinen ersten Auftritten ganz schön vom Leder gezogen hat, kommt aus dem Portal des Rundfunkgebäudes: gesetzte Statur, solide Herrenausstattung.
Ich muss an sein letztes, recht harmloses Büchlein denken. Es passt genau zur Gesamterscheinung des melancholisch davontrottenden Mannes, dessen Körpersprache in etwa besagt: *Bitte, Leute, versteht mich doch, ich hab halt auch Familie.*

Wenn ich höre, dass ein Schriftsteller *Familie* hat, so frage ich mich wie bei Krebs, ob es etwas Gutartiges oder Letales ist.

In der Jury steht es zwei zu zwei. Natürlich ist dafür gesorgt, dass diese unerträgliche Spannung nicht anhält. Ein Juror sitzt nämlich noch am Podium. Die, die ihn kennen, wissen schon, bevor er sein erstes Wort aus dem Munde lässt, für wen er sich entscheiden wird, für seinen Freund A natürlich. Er setzt zu einer Kennerschaft und Objektivität bekundenden Rede an, die in der wohlbegründeten Erkenntnis mündet, der Preis gebühre ohne Zweifel – Herrn A.

Beifall rauscht auf, Erleichterung, wohin man blickt. Die Kameraleute haben nun endlich den Punkt, auf den es bei dieser Sendung ankommt, und selbst der unterlegene Kandidat B lehnt sich in eine einfache Enttäuschung zurück.

Den Großteil meiner Zeit verbringe ich auf meinem Zimmer. Das Geklapper meiner mechanischen Olivetti, das man bis ins Nebenzimmer und ins Vorhaus hören kann, gehört längst zu den vertrauten Geräuschen des Hauses. Von den Resultaten des triebhaften Klopfens erfährt die Familie aber nicht viel mehr, als dass ich dabei viel Klebstoff und Tipp-Ex verbrauche und der Fußboden in Tischnähe dauernd mit Papierstreifen übersät ist. Besuche bemerken vielleicht noch, dass ich geistig nicht ganz bei ihnen bin und nach Einladungen zu Grillabenden meistens vergesse zurückzugrillen.

Ein paarmal passiert es mir auch, dass ich mein Mitteilungsbedürfnis nicht unter Kontrolle halten kann und einer kleinen Besuchsgesellschaft einen soeben fertig gestellten Text vorlese. Wie es sich gehört, unterbricht man die laufenden Gespräche und wartet gesenkten Hauptes, bis ich am Ende bin. Es findet sich auch jedes Mal einer, der mich lobt und mir helfen will, indem er mir, wie etwa Frau B., ehrlich gemeinte Ratschläge erteilt, wie ich schreiben sollte, um zu Erfolg zu gelangen.

Aus Neugier liest man erstmals einen Text von mir, nachdem ich dafür einen Preis bekommen habe. Eine Probe davon ist in der Tageszeitung abgedruckt. Zufällig befinde ich mich in der Nähe, als Frau B. ihn zur Hand nimmt. Zustimmung macht sich auf ihrer Miene breit, und noch bevor sie mehr als zwei Sätze gelesen haben kann, gratuliert sie mir: dieser Text sei sicher mein bisher bester.

Der *weit über das Tal hinaus bekannte Heimatdichter*, eine hagere, aristokratische Erscheinung voll Rechtlichkeit in allem, was er sagt und tut, trifft beim *Hofer* zufällig den alle Konventionen mit Füßen tretenden progressiven Autor; das heißt, beide nehmen einander nur kurz wahr und wenden sich voneinander ab, irgendwelchen Dosen und Preisschildern zu. Dabei schnüren sich die Falten an der Stirn des Heimatdichters tiefer ein, seine Bewegungen werden steif von der Nähe des Widersachers, eines zu Unrecht mehr beachteten Schreibers.

Der schmiert ziemlich stillos die Regale entlang. Bei den Spirituosen bleibt er, wie nicht anders zu erwarten, lange stehen, studiert mit Denkermiene die Etiketten und reiht sich schließlich, mehrere Flaschen im Einkaufswagen, an die Warteschlange vor der Kassa.

Derweil steht der Heimatdichter in seinem grauen, noch aus der Dienstzeit als Schuldirektor stammenden Qualitätsanzug bereits nahe der Kasse. Seine Miene verrät Ausgeglichenheit und Souveränität.

Zu einer Dame, die meint, so viel erlebt zu haben, dass sie leicht einen Roman darüber schreiben könnte:
Gnädige Frau, ich bezweifle nicht, dass Sie genügend erlebt haben, um damit einige hundert Seiten zu füllen. Allein, um einen Roman zu bekommen, genügt es wohl nicht, die bewusste Sache in den kuriosesten Variationen betrieben zu haben; sonst nämlich wäre wohl mancher von uns ein beachtlicher Romancier oder abendfüllender Dramatiker, und alle zusammen wären wir tatsächlich ein einziges Volk von Dichtern und Denkern.

Nach einer Gemeinschaftslesung im Gasthaus bleiben die Heimatdichter des Tales noch zwanglos an den Tischen sitzen. Es wird fidel und gesanglich, der Wirt stellt einen Doppelliter hin; Frauenarme legen sich um schrubbelige Greisenhälse, wogegen ja nichts einzuwenden wäre, wenn sie das Weiß des Papiers von dem des Leintuchs unterscheiden könnten. So aber verschmieren sie alles mit allem, und man bekommt, wie eben gehört, das koitieren wollende Geschreibe einerseits und andererseits die halb literarischen Versuche im Bett.

Stiernackiger, aus rot unterlaufenen Augen um sich funkelnder Schlägertyp, erinnert mich an Hrdlicka, ist aber unter den gegebenen Umständen nicht auf Bildhauerei gekommen, sondern wird bei Vermessungsarbeiten eingesetzt, wo er wohl kaum Gelegenheit finden dürfte, die in den Schultern schlummernden Kräfte anzuwenden. Die Art, wie er mich fixiert, der ich ihn in aller Sachlichkeit studiere, verrät mir, dass er wahrlich Lust hätte, mir ein paar zu betonieren, damit mir mein unverfrorenes Hinglotzen vergeht.
Ich aber, ein hinterfotziger Kerl, wie er gleich herausbekommen hat, weiß, wie man so einen bis aufs Blut reizt: Ich liefere ihm einfach keinen Grund zum Losschlagen, diesem danebengegangenen Hrdlicka.

Die Stein- und Holzbildhauer müssen wohl auch, wie der Name sagt, Bilder vor Augen haben, nicht zu viele am besten, damit der Meißel ihnen folgen kann. Im Laufe der langwierigen Arbeit werden es weniger und weniger, dafür brauchbare, zum Beispiel vor öffentlichen Gebäuden aufstellbare. Das letzte, das bei einer Sitzung des Kulturbeirates übrig geblieben ist, ist ein Mutter-und-Kind-Entwurf für das

hiesige Schulzentrum. Der als kunstsinnig bekannte Volksschuldirektor nimmt das Blatt nach eingehender Betrachtung zwischen den anderen Skizzen heraus, kneift ein Auge zu, empfiehlt dem finster dreinschauenden Auftragswerber noch ein paar kleinere Änderungen, und als der nach einigem Sich-Winden schließlich doch nickt, nicken auch die Herren vom Beirat, und der Auftrag ist vergeben.
Am nächsten Morgen sieht man den breitschultrigen Mann schon zeitig bei der Arbeit an einem Marmorblock, auf den er so zornig dreinhaut, als verhaue und verdresche er sein letztes Bild.

Als der Inhaber der Holz- und Eisenhandlung hört, dass der hiesige Bildhauer sich in finanziellen Engpässen befindet, nützt er die Gunst der Stunde, um ihm eine Skulptur für den Eingangsbereich der Verkaufshalle abzukaufen: um etwa die Hälfte des angeschriebenen Preises.
Sooft er in der Folge an dem Stein vorübergeht, erfreut er sich an ihm. Man mag über moderne Skulpturen denken, wie man will; diese eine steht für ihn in ihrem Kunstwert außer Zweifel: als Monument seiner Verhandlungskunst.

Bauen heißt, mittels geeigneter Materialien Meinungen über die Bedürfnisse des Menschen darzulegen; heißt zwischen grundlegenden und eitlen Bedürfnissen zu unterscheiden; heißt, eine Stellung zu beziehen, an der es nichts zu rütteln gibt – heißt im Ganzen: mit Baumaterialien über den Menschen zu philosophieren.
Natürlich kann man sich das Philosophieren auch sparen und einfach die gängige Denkweise übernehmen Das Resultat kann man landauf, landab besichtigen: als betont

liebe, ansprechende, sich in die Schaugewohnheiten einfügende Behausungen, die einem bei jedem Vorüberfahren beschnattern.

Dass Reden und Bauen so eng zusammenhängen, ist mir bewusst geworden, als jemand die betont freundliche Gestaltung unserer Innenstadt *einen Quatsch* genannt hat.

Der Architekt Heidulf Gerngros hat bei seinem Studienaufenthalt in Amerika einmal einen *Furzverstärker* konstruiert. Als er mir davon erzählt, weiß ich vorerst nicht viel damit anzufangen.

Erst später, anlässlich der Vernissage eines rührigen einheimischen Landschaftsmalers, der einen Landespolitiker zur Eröffnungsansprache gewonnen hat, kommt mir der Ausdruck wieder in den Sinn. Die ausgestellten Bilder allein sind nämlich ziemlich ein Furz und wären auch wie ein solcher verhallt, wäre nicht der Landesrat herbeigeeilt, um ihn durch seine Anwesenheit zu verstärken und zugleich sich selber ins Geistig-Kulturelle aufzupneuen.

Nachdem er Tag für Tag die normierende Kraft des Faktischen gegen seine nicht allzu robuste gerichtet gesehen hat, räumt sich der junge Musiker ihr, quasi in vorauseilendem Gehorsam, aus dem Weg. Mithilfe eines Stricks. Aber wie viele seiner Vorhaben schlägt auch dieses fehl: Man entdeckt ihn noch rechtzeitig und löst ihn aus der Schlinge.

Ein paar Tage später sieht man ihn wieder auf der Straße, den Hals von einem Rollkragen verdeckt. Es gibt ziemlich viele im Städtchen, die Rollkragenpullis tragen, fällt mir jetzt auf.

Bei keinem weiß man genau, wie der Hals dahinter aussieht. Die Kleiderhäuser scheinen den Bedarf erkannt zu haben, denn jedes führt einige solcher halsverdeckenden, die Sache ins Modische ziehenden Stücke.

Kulturelle Veranstaltungen auf dem Lande beginnen mit schöner Regelmäßigkeit damit, dass den Herren der ersten Reihe Beifall für ihr Kommen gespendet wird, den durch Partei, Gewerkschaft, Protektion oder einfache Alterung zu Ehren gelangten Schulleitern zum Beispiel, von denen kaum einer in der Lage ist, sich etwas Höheres vorzustellen, als sich im tückenreich ausgefochtenen Scharmützel um die Leiterstelle durchzusetzen, um sich erreichten Zieles bescheiden vor der Menge derer verneigen zu dürfen, die es nie so weit bringen werden: Prächtige Durchsetzbullen, die tierischen Bälge haben sie in erlesene Textilien gehüllt, die Unfähigkeit hinter Amtstiteln und umgänglichem Gehaben versteckt.
Sie nun, der offenkundige Höhepunkt und Sinn aller Schulung, zeigen dem im Dunkel harrenden Publikumsblock ihre fein unterspickten Physiognomien und eine geschmeidige Korpulenz, bevor die noch im Aufstiegskampf begriffenen Lehrer und Oberlehrer, längst infiziert vom Fernziel eines Schulleitersessels, mit dem Absingen des Liedgutes beginnen, so etwa dem Lied vom *Vogale im Zwetschkenbam.*
Frisch, Frisch!, schaufelt der Chorleiter mit beiden Armen in die Kinderschar hinein. Im Rücken spürt er die Blicke der Kollegen, die jede Unreinheit des Vortrags registrieren und zu seinen Ungunsten ausnützen werden.

Um Texte so zu gestalten, dass sie ansprechen, arbeite ich ihnen alle mir bekannten Rücksichten auf die Eigenheiten der Wahrnehmung ein, etwa indem ich sie anschaulich-bildhaft gestalte. Soweit mir das gelingt, fühlt sich der Leser davon angesprochen; ein Gefühl der Nähe geht vom Text aus.
Vor kurzem habe ich mein achtes Buch herausgebracht. Ein Rezensent bescheinigt ihm, dass es *recht ansprechend* ausgefallen sei. Ein paar Tage nach Erscheinen der Rezension zupft mich einer beim *Hofer* am Ärmel, lacht mich kumpelhaft an und wartet – vermutlich auf das *Ansprechende*, das man mir bescheinigt hat.

In welcher Weise ich weiterleben werde, nach meiner Zeit, außerhalb meines Körpers und bis zur Unkenntlichkeit in anderen Mixturen aufgehend:
Zum Beispiel, wenn einer das von mir geprägte Kompositum *Existenzverstopfung* gebraucht. Ein Hauch von der Atmosphäre, in der es geprägt worden ist, wird noch daran haften, während es in Erwägung gezogen, ausgehorcht und in einen Satz eingebaut wird. Die zerebralen Strukturen des Sprechenden werden kurz mit den meinen in Berührung kommen; zwischen den Buchstaben heraus wird – wie Meister Pilgram aus dem Fenster der Kanzel des Stefansdoms – der in seiner Existenz halb verstopfte Obernosterer seinem Schicksalsgenossen nachschauen.

Ein Satz, der sich nach längerem innerem Widereinander auf dem Papier zu einer feststehenden Form niederschlägt, gleicht einem der seltsam gesprenkelten vielschichtigen Bachsteine. Sie ziehen den Betrachter dadurch in ihren Bann, dass sie mit ihren Schichtungen von den Urgewalten der Vorzeit künden, ja sie in die Gegenwart heraufzoomen. Lesbar freilich werden die Vorgänge in beiden Fällen erst zufolge ihrer Beendigung.

Bis ich mein eigenes Geld verdiene, bestehe ich überwiegend aus Mankos. Bei Hindernisläufen bin ich zu ungelenk, bei Holzarbeiten zu wenig ausdauernd, beim Schönschreiben fehlt es an Gleichmäßigkeit, bei religiösen Übungen verschlägt es meine Gedanken auf den Fußballplatz; wenn ich etwas in die Diskussion der Erwachsenen einwerfe, verdrehen sie die Augen; tue ich einmal etwas, wozu ich Lust habe, setzt es Hiebe …
Als ich finanziell erstmals auf eigenen Füßen stehe, bin ich bereits 28. Von da an sage ich mir: Alles, was in mir und an mir geschieht, will ich für natürlich halten, kommt es doch auf gleiche Weise zustande wie Nebel und Gewitter, Steinschlag und Erdrutsch.

Aufgewachsen bin ich im Gebirge, einem Gebirge aus Kälte, Langeweile, Bevormundungen, unverrückbaren Bräuchen und Verhaltensweisen, ein bisschen Schafzucht dazwischen, endlose Arbeitstage in den Hochwiesen, Kreuzottern im Heu, alles mit allem verquickt und nach Stall riechend.
Berge solcher Erinnerungen wenden sich mir entgegen, wenn ich meine Gedanken rückwärts laufen lasse, bis sie irgendwo aufprallen. Geographisch bin ich der Gegend zwar entkommen, habe es mir weiter unten im Flachen gemütlich gemacht, aber die Berge sind mir auf den Fersen geblieben: als zähes gebirglerisches Wesen und Hängen an meinem Tal.

Pflicht und Gewohnheit regeln den Großteil meiner Motorik.
Sie ersetzen das Ich, wie es prachtvoll ausgeprägt etwa beim
launischen, hemmungslos nörgelnden und zugleich sich ins
Fäustchen lachenden Alexander Widner in seinem Tagebuch
Gegen Tagesende zu finden ist.
Von der frühen Ausradierung eines solchen Bezugspunktes
her stammt meine vor Rechtlichkeit steife Sprache mit ihrer
Reduktion auf das unbedingt Nötige. In dem geradezu ängst-
lichen Hinflüchten zu den Sprachkonventionen spüre ich
noch, dass abseits der bäuerlichen, von Vater überwachten
Ordnung kein Gras für mich gewachsen wäre. Noch immer
brennt mir die Peitsche an den Waden, weil ich einmal etwas
aus meinem Willen anstatt aus seinem getan habe.

Die Leute vom ORF sind da. Sie stellen gleich ein Mikro-
phon auf den Tisch: Ich möge etwas über das Tal, aus dem
ich stamme, sagen.
Es ist gegen vier am Nachmittag, wo mein Blutdruck am
ärgsten durchhängt. Das kann ja ein schönes Sprachgeholper
werden, ein mit Äh-Lauten durchsetztes Sich-Winden um die
Tatsache, dass ich wohl einige Jahre dort gelebt, aber nichts
begriffen habe, ein Sich-Winden, das schon sehr an die in die
Seitengräben hinein und wieder heraus sich windende Straße
erinnern würde, tränke ich nicht schleunigst einen Kaffee.
Dann, nach den ersten Schlucken aber kommen die Talgenos-
sen, die ich zuerst nur verschwommen vor mir gesehen habe,
in ihrer altbekannten Leutseligkeit auf mich zu, schmaläugige
Bergler voll Bauernschläue und überhaupt von einer Art, dass
sie gut in eine Sendung wie *Land und Leute* passen.

Eine brauchbare Alternative zum Leben auf dem Lande habe
ich nicht im Stadtleben gefunden, sondern im Schreiben.

Sosehr ich im Verlieren geübt sein müsste, ein guter Verlierer war ich von Natur aus nie, bin ich doch gewöhnt, dass sich die Beeren des Waldes mit ihrem Rot und ihrer Schmackhaftigkeit direkt meinem Gusto zuwenden, die Bienen arbeiten auf meine Honigbrote hin, der Mond folgt mir, wohin immer ich fahre; die stolzen Berggipfel links und rechts des Tales winken mir zu, das Bächlein, an dem ich meinen Durst lösche, sickert durch ein unterirdisches Adernsystem geradewegs auf mich zu, um mich zu laben …
Und da sollte ich nicht enttäuscht sein, wenn ein mir winkender Preis, knapp an mir vorüberschwebend, in den Händen eines anderen landet?

Ich war als Schriftsteller wie auch als Mensch und Mann nie richtig da. Was Ersteren anlangt, so wurde ich eine Zeit lang als Hoffnung gehandelt, Hoffnung, wie das Land und seine Zeitungen sie brauchen, um das Publikum bei Stimmung zu halten. Die Maßgeblichen im Lande merkten aber bald, dass da in ihrem Sinne nicht viel weiterging, und wandten ihre Aufmerksamkeit neuen Hoffnungsträgern zu.
Als ich unerwartet aber doch einmal einen Preis bekam, kaufte mir meine Frau zu diesem Anlass eine eigene Hose, eine Preisverleihungshose sozusagen, eine für mich viel zu noble, sichtlich gemacht für einen, der noch viele Preise entgegennehmen wird. Da mir aber keine nennenswerten Preise mehr verliehen wurden, erwies sie sich als Fehlinvestition, zugleich als Verhöhnung meiner realen Person, denn ihr feierliches Gehabe verhöhnt nunmehr ihren banalen Inhalt – beziehungsweise würde ihn verhöhnen, denn ich weigere mich selbst bei feierlichen Anlässen, sie anzuziehen, diese Erfolglosigkeitshose.

War ich in den Augen der Umwohner bisher nichts als ein mit der Umgebung verschummerter, nur teilweise umrandeter erdfarbener Flecken in der grünbraun gescheckten Gegend, so ändert sich das ab dem Tage, als die Zeitungen die Sache mit dem Preis berichten.
Zwar spaziere ich wie früher im abgetragenen Überzieher, in den sich von innen her Erfolglosigkeit eingerieben hat, zur üblichen Zeit den Damm hinab, uriniere unten in die Büsche und kehre um. Aber es ist nicht mehr das schön Verlorene, das so gut zu faulem Gras und Hundeschiss passt, merke ich an der Art, wie zwei entgegenkommende Frauen, die vor mir stehen geblieben sind, mich aus geweiteten Augen anschauen. Die Gestalt, der sie gegenüberstehen, hat offensichtlich gewonnen – es lässt sich sogar in Euro angeben, wie viel.
Als ich weitergehe, spüre ich, wie sie mir nachblicken. Mein stupides Heimtrotten schlägt in ihren Augen um in den *Gang eines schweigsamen Poeten.*

Das Mindeste, wenn du einen Preis bekommst, ist, dass du dich darüber freust, denn so können Verwandte und Kollegen sich mitfreuen und kommen für einige Zeit aus ihrer Freudlosigkeit heraus.
Eine Woche, nachdem die Sache mit dem Preis über die Bühne gegangen ist und ich die mich ermüdenden Gratulationen hinter mir zu haben meine, ruft noch einer an, und ich muss den ganzen Freudenzirkus noch einmal aufführen, muss mich zumindest über den Anruf freuen, denn es wäre unverantwortlich, dass ausgerechnet einer, dem man Freude bereitet hat, sich der Zirkulation der Freude verweigert.

Das Preisgeld habe ich dazu verwendet, mein altes Auto gegen ein neueres einzutauschen. Oho, ganz schön schnittig, stutzen die Nachbarn, die ich probeweise überhole, nicht ohne ihnen mit Triumphgefühl durch die Seitenscheibe zuzuwinken.
So hat das Bundesministerium mit dem Preisgeld doch auch Respekt und Verständnis für die Literatur gefördert, denn in der nächsten Zeit spricht man sogar in den Gasthäusern ein paarmal über Literatur, und zwar in einem Tone, aus dem auch die Kinder heraushören, dass da schon etwas dran sein könnte.

Nach manchem der mich belästigenden Einfälle nehme ich mir vor: So, das noch zu Papier gebracht, dann muss endgültig Schluss sein.
Da klickt es schon wieder: Oje, die N.! Über die Straße her kommt sie auf mich zu und deutet, ich solle das Fenster herunterkurbeln. Sie hat mir etwas Wichtiges zu berichten, wie ich teils ihren geröteten Wangen ablese, teils der Heftigkeit ihres Gesprudels entnehme. Ich muss trachten, mich rund von ihr zu verabschieden, denn da drängt sich mir wieder etwas auf; es hat mit ihr zu tun, mit einem der von ihr gebrauchten Ausdrücke. Ich darf mich nur nicht ablenken lassen. Wie auf rohen Eiern sitzend fahre ich heim zur Schreibmaschine.

Was ist das, was mich plötzlich aus dem Bett gerissen und zum Schreibtisch getrieben hat? In der Geschwindigkeit nenne ich es einmal einen *Gedanken*, obwohl es erst später einer wird, nämlich der hier, dessen Form ich nun Wort für Wort deutlicher werden sehe. Er braucht nur mehr an Gegenwart.

Also mit allen mir bekannten Mitteln auf das Hier und Jetzt hinarbeiten! Kurze, griffige Sätze! Präsens! – Leider, die Mittel haben nicht gegriffen. Knapp vor dem Zugriff sind sie abgeglitten, am *Gedanken* vorbei, wenn wir ihn noch einmal so nennen wollen.

Ganz außer Sichtweite ist er ja noch nicht. Vielleicht sollte ich eine kunstvolle Flugschleife ziehen, um ihn von einer anderen Seite her zu fassen zu bekommen, ihn zu stellen, wie es nun einmal das Geschäft des Schriftstellers ist. Spürst du, wir bleiben ihm auf den Fersen, im Sog dicht hinter ihm brausen wir dahin, immer nur durch ein paar Buchstabenbreiten von ihm getrennt.

Es gehört zu den Bestimmungsstücken des Einfalls, dass er mich in der langen Steigung vor St. Stefan überrascht hat. Nachdem ich ihn auf der buckligen Unterlage der Autopapiere notiert habe, schaue ich mich um. Mit den Außenrädern steht der Wagen im durchfeuchteten Bankett, der Blinker tickt noch. Alles zusammen mag besorgniserregend aussehen, weil mehrere der vorbeifahrenden Autos hupen.

Apropos Einfälle: Einer der stärksten war sicher der Hunneneinfall, nur war das Abendland nicht in der Lage, ihn zu verarbeiten.

In den Jahren, als Einfälle mich so sehr verheerten, dass ich beruflich und familiär wenig taugte, eine Störung der herrschenden Ordnung eher als ein hilfreicher Diener, war ich im Sinne der Maßgeblichen so gut wie nicht vorhanden, war eine Null oder gar ein Negativposten in ihren Rechnungen.

Jetzt, einfallslos geworden und auf die Produktion von Bart und Fingernägeln eingeschränkt, findet man in dem mir zurechenbaren Bereich wie von Außerirdischen in den Rasen gebrannte Zeichen, Reste einer mittleren Katastrophe, könnte man mutmaßen.

Es sehe ganz so aus, als ob an dieser mit E. O. bezeichneten Stelle einmal etwas geschehen sei, nicken die Sachverständigen einander zu und wagen sich näher an die Aschenreste heran. Da man die Vorfälle nun wohl als abgeschlossen betrachten könne, stehe auch nichts mehr im Wege, sie als Teil der Wirklichkeit anzuerkennen.

Wenn eine so läuft wie die Hörbiger, für die ja eine eigene Sendung konzipiert worden ist, weil das Österreichertum scheints aus einer inneren Logik heraus auf das Hörbigertum hinausläuft, irgendwo hinein zwischen den Attila und den Paul, wenn so ein Hörbiger-Spross in einer TV-Sendung ans Telefon muss, zufolge seiner Sitz-und-Standpunkt-Natur aber nicht vom Fleck kommt: physisch, schauspielerisch, moralisch und weltanschaulich, so verdrießt es mich, dem länger als ein paar Schritte nachzusehen, weil es bei solchen Bewegungsplagiaten doch immer noch um Standpunkte geht.

Ich habe mir vorgenommen, die ganze *Strudelhofstiege* von Doderer zu lesen, um einmal moralisch aufrechten Ganges über die gleichnamige zweiflügelige Steintreppe im neunten Wiener Gemeindebezirk hinaufsteigen zu können. Leider habe ich das Buch schon vor Seite hundert zur Seite legen müssen; neuere Lektüre hat sich mir aufgedrängt.

Trotzdem bin ich einige Male die materielle Entsprechung des großen Romans hinaufgegangen.
Ein ausgesprochen ungutes Gefühl, spüre ich heute noch.

Der erfolglose Schriftsteller spaziert öfters wie zufällig an der Villa des Verlegers vorbei. In angespannter Aufmerksamkeit wirft er manch forschenden Blick über den lebenden Zaun in den Garten, wo aber außer einem Pingpongtisch nicht viel zu sehen ist. Den wuchtigen Mann kennt er von diversen Veranstaltungen sowie von Zeitung und Fernsehen her. Es gehört schon ein wenig zum Bild der Stadt, wie er sich auf seinem mächtigen Waffenrad, ungeachtet von Einbahnen und Fußgängerzonen sich zwischen den Passanten durchfädelnd, seinen Weg bahnt.
Eines Tages fasst sich der Schriftsteller ein Herz und beschließt, den Verleger aufzusuchen. Schon aus einiger Entfernung sieht er das Waffenrad neben dem Gartentor lehnen; das heißt, er ist zu Hause.
Dem Schriftsteller werden die Füße schwer, er muss sich zwingen weiterzugehen. Ein paar Schritte vor dem Fahrrad bleibt er stehen und schaut es an. Wie mächtig, wie elementar es doch ist!
Das Manuskript im Nylonsäckchen, kehrt er um.

Bei Mitschnitten von Fußballspielen fällt auf, dass es nicht so sehr um die Aktionen im Mittelfeld mit ihrem langwierigen, ergebnislosen Hin und Her geht; die Zusammenfassung zeigt nur die letzten Spielzüge vor dem entscheidenden Treffer und dann den im Netz baumelnden Ball. Das Wichtigste aber kommt erst: das Hochreißen der Arme des Schützen und das begeisterte Zusammenlaufen der Mitspieler. Vier, fünf davon wälzen sich auf dem Boden, auf den Rängen tobt es. Das Tor wird von der Regie noch einmal eingespielt, am Ende der Übertragung noch einmal und in den Abendnachrichten noch einmal.

Der tiefere Sinn der Anstrengungen der zweiundzwanzig Männer samt Schiedsrichtern und Betreuern dürfte also das ordnungsgemäß zustande gekommene, demnach berechtigte Sich-Freuen sein. Nur Männer mit tadellosem Lebenswandel, asketisch und hart zu sich selber, kommen für die Herstellung in Frage, und drei beeidete Schiedsrichter wachen über das Berechtigte an den Vorgängen.

Eine Verlagerung des Interesses vom Spiel zum Erfolg und seinem Auskosten lässt sich auch in anderen Abteilungen des Rundfunks beobachten So ist es durchaus üblich, bei Konzertaufnahmen den lange anhaltenden Applaus mit zu übertragen. Deshalb ärgere ich mich auch nicht mehr, wenn ich beim Einschalten des Radios auf einen nicht enden wollenden Applaus treffe, sondern versuche mich darüber zu freuen, dass ich mich an der wichtigsten Stelle des Konzerts eingeschaltet habe.

Immer öfter ziehe ich ein Fußballmatch den parallel dazu laufenden Spielfilmen vor, weil der Ball noch auf eine Weise von einem festen Punkt zum anderen springt, dass ich ihn keiner Hintergedanken, Effekthascherei, ästhetischer Kalküle, Ideologie, Anbiederung und dergleichen verdächtigen muss. Welcher Regisseur oder Schauspieler könnte von sich schon behaupten, so unvoreingenommen wie ein Ball zu sein?

Von dem Moment an, wo ein Geschehnis etwas bedeutet, hat es seine Ungeheuerlichkeit verloren.

Bild und *schön* bedeutet dasselbe, nur in verschiedenen Wortarten.

Wenn man bedenkt, dass ein einziger Schnappschuss ansatzweise alles einfängt, was es über eine Person zu sagen gibt, so wird man verstehen, dass selbst die lebhaftesten Personen mit der Zeit den Charakter eines Ereignisses verlieren, wiederholen sie doch in jedem Augenblick einen Großteil dessen, was man von ihnen bereits kennt.

Einerseits feiert die Wiederholung auf dem Lande fröhliche Urständ, andererseits gehört es zu den wichtigsten Stilregeln, die der Lehrer den Kindern beizubringen hat, dass sie Wortwiederholungen vermeiden.

Literatur entspringt dem ersten, unvoreingenommenen, noch ungläubigen Blick, dem Überwältigtsein von an sich Unbeschreiblichem. Die Forderung der Kritiker, der Stoff müsse bewältigt, also in ein wahrnehmungsgerechtes Schema gebracht werden, scheint eine Forderung des Wohlfahrtsstaates zu sein. Er schickt dem aus der Unterwelt heraufsteigenden Orpheus Boten entgegen, die von ihm verlangen, dass er dem Publikum den Höllenhund an der Leine vorführe.

Ein Maler, der versucht, den Wald auf die Leinwand aufzutragen, muss scheitern. Er kann nur eine Grünfalle aufstellen, auf die der Betrachter mit seinen Walderwartungen hereinfällt.

Die Kraft der Vorstellung äußert sich nicht darin, dass einer in hinziehenden Wolken Gesichter sieht, sondern im umgekehrten Vorgang: dass er in jedem Gesicht etwas wolkenartig Aufgelöstes, zum Zerdröseln Neigendes erkennt.

Die Realisten bekräftigen, der Stein sei nicht nur ein Stein, sondern wirklich ein Stein. Zwar sei sein Umriss unregelmäßig und anarchistisch in der Abweichung von jeder denkbaren Form, trotzdem könne er einzig durch die Bezeichnung *Stein* ins Verstehbare einbezogen werden.
Er liegt in dem Fall neben seinesgleichen in einer Geröllhalde, kalt und teilnahmslos, das Fremdeste, was ein weiches, warmes Gehirn sich vorstellen kann. Eine Bewegung lässt sich nicht feststellen. So ruht er denn, wie es dem Steinbegriff entspricht, und zeigt jedem Härte, der es wissen will, wodurch der den Begriff weiter erhärtet und begreiflich macht: ein Steinversprechen eigentlich nur, dem schon Steinfachleute wie Maurer und Bergsteiger, aber auch verstiegene Sprachforscher nachgerannt, nachgeklettert sind, mit ziemlich wenig Erfolg, was die Einholung anlangt.

So manchem Buch merkt man es an, dass es einmal etwas war, bevor es geschrieben worden ist.

Der Schriftsteller N. muss, wie ich aus seinen Texten heraushöre, als Kind viel Liebe in sprachlicher Form empfangen haben, sonst würde er sich der Sprache nicht so rückhaltlos anvertrauen.

Bezeichnend für die Buchreligionen ist das Wort, für die magischen Religionen die Erde, aus der alles Leben hervorgeht und zu der es wieder zurückkehrt. Wir von der Religion des Wortes haben ein schlechtes Verhältnis zu Erde, Schmutz und Verunreinigungen aller Art. Wir möchten rein, möchten Wort sein.

Stirb, Norbert Kaser, schabe weg deine Säufergestalt von den Gedichten, die rein sein wollen!

Thomas Bernhard hat an einem Tisch ohne Tischtuch gearbeitet. Gelesen und diskutiert wird er aber durchwegs von Leuten mit Tischtüchern.
Das mag erklären, warum ich mich bei Diskussionen über ihn meist auf der Seite der Bernhard-Gegner befinde.

Wenn einer meint, jemand, der malt oder schreibt und solchermaßen seine Existenz über das Übliche hinaus erweitert, ringe seinem vergänglichen Körper etwas ab, um es in die kommenden Zeitalter hinüberzuretten, so mag das aus der Sicht eines Geschichtsgläubigen heraus die Bemühungen einigermaßen erklären.
Ich hingegen sehe in dem Bestreben, Neues, Andersartiges zu schaffen, den Versuch, die Existenz in bisher unbetretene

Zonen vorzuschieben. Jede Hollerstaude hat solche Ausdehnungsdränge in sich, allerdings sind sie nicht darauf angelegt, die Meiers und Müllers eines späteren Jahrhunderts zu beglücken.

Als ob die Völkerwanderung jemals zum Stillstand gekommen wäre! Es wandert ja nach wie vor alles weiter: Aus den Gebieten der stummen Anschauung brechen sie auf: in Referaten, kultivierten Tischgesellschaften und neuerdings wieder besser besuchten Wortgottesdiensten; ihre Stammgebiete verlassend, ziehen sie scharenweise in Richtung Sprache, einer Landschaft mit schier unbegrenztem Fassungsraum. Dort lassen sie sich in den heimeligsten Diktionen nieder.

Wo es ein Sensorium für das Neue gibt, in guten Galerien zum Beispiel, werden die Brötchen wieder kleiner, dafür bunter und skuriler. Da ist ein Zahnstocher in ein Wurströllchen gestochen, dort nagelt man damit ein Zwiebelchen im Sandwich fest – jedes der Häppchen so reduziert in der Masse, dass es sich der reinen Zeichenhaftigkeit nähert.

Den einen juckt es unter den Fingernägeln, den anderen in der Schamgegend, den dritten am Manuskript.

Ein zeitgemäßes Thema des Schreibens könnte das Hinauswerfen des Lesers aus dem Raum-Zeit-Gefüge sein. Da aber die Syntax auf Raum und Zeit aufbaut, kommt man ohne sie nicht weit. Also wird man sie schon deswegen gut durchbilden, um am Ende wirkungsvoll aus ihr hinauswerfen zu können.

Arm gegen Reich, unschuldig gegen schuldig, Mann gegen Frau – das zu schildern ist Sache des Journalismus. Die Grundspannung des Schriftstellers besteht darin, wie die Sprache gegen die stumme Welt vorgeht.

Der Leser eines Buches erlebt, während er die einzelnen Buchstaben, Wörter und Sätze aufliest, ihre Zuwendung, ihre Gegenwart. Sie ist das einfachste Verhältnis, das die Sprache erlaubt. In sie packe ich alles ein, was ich zu sagen und zu erzählen habe, auch das so genannte Vergangene.

Der Große Bär, wie er mir aus dem nächtlichen Sternenhimmel entgegenkommt, besteht unter anderem aus dem Akt des Zusammenziehens mehrerer Lichtpünktchen zur Figur des sagenhaften Meisters Petz. Ganz fertig, nämlich leibhaft, kann so eine Figur naturgemäß nie werden, immer bleiben die Umrisse unscharf und in Bewegung, mehr Verb als Substantiv. Die Sprache stellt mir aber kein entsprechendes Verb zur Verfügung, sie drängt mich auf das Substantiv und somit auf das Statische ab.

Was in einem Menschen vorgeht, hat den Charakter des Vergehens, also des Verbs. Und doch ist im Zuge der Verständigung darüber etwas Substantivisches geworden: die Seele. Als Substantiv kommt ihr der Nimbus des Bestehens zu, des zeitlich unbegrenzten selbstverständlich, denn sonst wäre es kein wirkliches Bestehen. Ein Ansatz zur Unsterblichkeit der Seele ist also schon in der Syntax verankert, in ihrem Trend zur Substantivierung.

Einheit, etwa innerhalb einer Person, entsteht als Folge einer simplifizierenden Wahrnehmung, die beispielsweise einen verästelten Blitz als einen einzigen Lichtstrang sieht. Obwohl jede Person aus vielerlei Verästelungen besteht, wird sie von der Wahrnehmung, auch der eigenen, als einziger Ich-Strang erlebt. Der Mensch ist notgedrungenerweise gläubig und setzt auf die vorerst fiktive Einheit, indem er all seine Kräfte in diesen Hauptstrang wirft, wo sie gut aufgehoben sind und die Annahme der Einheit im Nachhinein verifizieren.

Wie die Schwerkraft die Bewegung der Körper beherrscht, das Fallen und Zu-Tale-Rollen eines Steines etwa, so gibt es auch im Ästhetischen Falllinien, etwa das Bedürfnis nach Harmonie, Kontinuität und Einheit, denen ein Künstler Genüge tun muss, damit seine Arbeiten *gefallen*.

Die Wahrheit *steht* in der Bibel. Außerhalb der Bücher relativiert sie sich ständig, hält sich an keinerlei Grenzen und entzieht sich selbst denen, die es zu Lehrstühlen gebracht haben. Recht geschieht ihr also, wenn sie sich so unprofessionell verhält. Die Herren Professoren werden sich von so etwas Launischem und Unberechenbarem nicht an der Nase herumführen lassen; sie halten sich einfach an die Bücher.

Das Volksbildende am Professor der Kunstgeschichte besteht darin, dass er es versteht, die Achtzigerjahre von den Neunzigern zu unterscheiden, das Erstklassige vom Zweitklassigen, das Alpine vom Mediterranen und so weiter. Zur allgemeinen Erleichterung schreibt er es auch fest, sodass sich gewisse Tendenzen von da an genau verfolgen lassen.

Es gibt im Bereich der Literatur- und Kunstkritik Wirbler, die erst im ruhiggestellten Zustand eines Fotos oder Nachrufs zu ertragen sind.

Wer fordert, Kunst müsse verständlich sein, müsste auch von den alpinen Abfahrtsläufern verlangen, dass sie nur so schnell fahren, dass man sich während der Fahrt mit ihnen unterhalten kann.

Charakteristisch für die Kunst der Provinz ist, dass sie hinter der Zeit statt hinter einer Vision her ist.

Ich kann nie mit Sicherheit unterscheiden, ob der Text, den ich gerade lese, durchhängt oder nur mein Blutdruck.

Ich schlage nicht nach der Fliege, sondern nach meiner Einfallslosigkeit.

Stirb, Fliege, du niedrig Tier! Man paart sich nicht, indes der Dichter leidet!

Etwas aufschreiben heißt, es dem Regelwerk der Sprache zur Begutachtung zu übergeben. Um die Sache bangend, horche ich beim Durchlesen eines fertig gestellten Textes in den Wortlaut hinein, wie viel vom Einfall die Sprache gelten lässt.

An der menschlichen Natur zu arbeiten ist ebenso vergeblich, wie einem rollenden Stein die Gravitation austreiben zu wollen. Wohl kann man die Bestie Mensch so weit müde füttern, dass sie satt und gutmütig wird, trotzdem wird sie nur so lange Moral und Friede aufrechterhalten, als die Rahmenbedingungen es in sich haben.
Was etwa den Frieden anlangt, so ist schon das Wort Frieden etwas viel Stabileres als die so genannte menschliche Natur. Jede kultivierte Familie mit ihren natürlichen Unterschieden zwischen den einzelnen Mitgliedern wird gut daran tun, sich mehr auf diesen Begriff zu besinnen als auf die Eigenheiten der einzelnen Familienmitglieder.
Die über Jahrhunderte hin unverändert im Lande stehenden Wörter sind es nämlich, die dem Einzelnen in seinem Vergehen Halt bieten. Deshalb erschüttert uns kaum etwas so sehr, wie wenn irgendwo das Wort brüchig wird.

Da nun die Ewigkeit sich als Nonnen-Dimension erwiesen hat und es auch nicht sonderlich verlocken kann, durch irgendwelche Mäuler gezogen zu werden, bleibt der einzig vernünftige Grund für das Schreiben seine Rückwirkung auf die Existenz.

Ich betrachte ein realistisches Landschaftsbild eines mir bekannten Malers. Irgendetwas stört mich daran. Ich glaube, es ist der Preis. Fünftausend Euro! Das viele Geld vermiest mir die Sache, es verzerrt die Proportionen. Bei einem unauffälligeren Verhältnis zwischen Verkaufswert und Kunstwert hätte ich die Landschaft vielleicht mit Vergnügen betrachten können.

Auf meinem Schreibtisch befinden sich unter anderem zwei etwa gleich große Behälter, die ich gelegentlich brauche: die Klebstofftube und das Fläschchen Tipp-Ex. Wie von selber fügen sie sich im Zuge der Korrekturarbeiten an der richtigen Stelle in die Arbeit ein. Gegen Abend kann es aber passieren, dass das Tipp-Ex in eine Klebeszene gerät oder der Klebstoff in eine Löschszene. Tut nichts zur Sache, mein ästhetisches Empfinden regelt das schon. Es sagt den Händen, dass ein Tipp-ex in einer Klebeszene nicht gut aussieht.

Beim Aufsetzen der Brille ist mir ein Glas aus der Fassung gefallen, unter den Tisch hinein, ohne Brille nicht mehr zu finden. Es bedarf der Hilfe meiner jüngsten Tochter, die es aus dem Winkel holt und wieder in die Fassung drückt.
Sie ist mein in die Wirklichkeit eingreifender Arm. Ich selber werde allmählich zum reinen Schriftsteller.

Weil ich mein Leben nicht so frei gestalten konnte wie einen Text auf Papier, habe ich meinen Lebensstil vernachlässigt und bin Schriftsteller geworden.

Als meine Nachbarin erfährt, dass sie in meinen Texten vorkommt, erschrickt sie, auf dem Gesicht das Entsetzen, dass es mit ihr, so wie sie bisher gelebt hat, aus und vorbei ist.

Was ich in letzter Zeit überlegt, philosophiert und gegrübelt habe, lässt sich mit zwei Buchstaben zusammenfassen: *Hm!*

In den Jahren, als ich mehr schlecht als recht meine ersten Texte zu Papier gebracht und der Öffentlichkeit präsentiert hatte, scharten sich doch einige interessierte, teils auch begeisterte Anhänger um mich. Jetzt, wo ich meine, einiges dazugelernt zu haben, kräht kein Hahn mehr nach mir. Es ist eben das Flair der Hoffnung von mir gewichen.

Begründung der Ablehnung einer Ehrung:
Wenn diejenigen, die das Land vertreten, alles daransetzen, die eigengesetzliche Entfaltung junger Menschen zugunsten wirtschaftlicher Verwendbarkeit zu unterdrücken, so haben sie kein Recht, einen anerkennend zu betätscheln, der gegen ihre Intentionen kämpfend etwas zuwege gebracht hat.

Ehrlichkeit nicht länger ableiten von den in der Gesellschaft gebräuchlichen Ehrbegriffen, sondern als etwas aus allen Ufern Tretendes auffassen, eine verheerende Nachfolgerin der herrschenden Ehrbegriffe, etwas Zerstörerisches, das nicht einmal durch menschliche Rücksichten eine Wehrmauer gesetzt erhält. Die für das Schreiben anzustrebende Ehrlichkeit muss immer eine Gefahr für die Ehrbaren bleiben.

große, wahrhaft empfundene Darsteller wie Audrey Hepburn schauen den Dialogpartnern, die sie verachten, direkt ins Gesicht, lange und hart. Ist das Gefühl sodann vom Betrachter ausgeschöpft, so dass es, länger durchgehalten, lang weilen würde, dreht die Person sich eckig weg und zeigt die Verachtung noch einmal in der Art ihres Abgangs.

Ich selber habe mich kaum einmal eckig weg gestellt. Unbeweglich gemacht vom inneren Widerstreit möglicher Betrachtens- und Verhaltens weisen, habe ich mich meistens in einer zögernden, unsicheren, gequälten Bewegung zur Seite gedreht, nie die – pietätlos weg von meinem Widerpart. Im nachhinein würde ich meinen, dass ich mit meinem mehrfach verspannten Gesicht und der Unentschiedenheit der Bewegung aber doch keine so schlechte Darstellung meiner inneren Gegensätze gewesen bin.

Große, als wahrhaft empfundene Darsteller wie Audrey Hephurn schauen den Dialogpartnern, die sie verachten, direkt ins Gesicht, lange und hart. Ist das Gefühl sodann vom Betrachter ausgeschöpft, sodass es länger durchgehalten langweilen würde, dreht die Person sich eckig weg und zeigt die Verachtung noch einmal in der Art ihres Abgangs.

Ich selber habe mich kaum einmal eckig weggedreht. Unbeweglich gemacht vom inneren Widerstreit möglicher Betrachtens- und Verhaltensweisen, habe ich mich meistens in einer zögernden, unschönen, gequälten Bewegung zur Seite gedreht, nie diametral weg von meinem Widerpart. Im Nachhinein würde ich meinen, dass ich mit meinem mehrfach verspannten Gesicht und der Unentschiedenheit der Bewegungen aber doch kein so schlechter Darsteller meiner inneren Gegensätze gewesen bin.

Ich habe aufgehört, mich mit anderen Autoren zu vergleichen. Vergliche ich meine Stärken nämlich mit ihren Schwächen, könnte mir das zwar aus mancher Mutlosigkeit heraushelfen; vergliche ich meine Normalform aber mit den reifsten und stärksten Arbeiten der anderen, müsste ich zu Recht verzweifeln.
Also vergleiche ich meine jeweilige Arbeit mit dem, was ich spüre, dass mir möglich ist.
Aber auch auf dieses Maß bezogen, fühle ich mich oft entmutigt: lauter unreifes Zeug in meinen Schubladen.

Ich hatte einen Traum: Ich stand vor Gottes Thron, insgeheim auf eine Würdigung aus höchstem Munde hoffend. Lange ruhte das Auge des Allwissenden und Allgerechten auf den mich betreffenden Eintragungen. Dann hörte ich es durch die Himmelsräume hallen: *Obernosterer, du hast zeitlebens miserabel eingeparkt. Mehr gibt es über dich nicht zu sagen.*

Ein bisschen weniger reden,
ein bisschen langsamer schauen,
und du hast wieder ein ganzes Land für dich allein.